# POR QUE MARTE E VÊNUS COLIDEM

John Gray, Ph.D.

# POR QUE MARTE E VÊNUS COLIDEM

Como homens e mulheres
podem driblar o estresse

Tradução de
ALICE KLESCK

Título original
WHY MARS & VENUS COLLIDE
Improving Relationships by Understanding How
Men and Women Cope Differently with Stress

*Copyright* © 2008 *by* John Gray Publications
Todos os direitos reservados. Nenhuma parte desta publicação pode ser reproduzida sob qualquer forma, exceto com a prévia autorização por escrito do proprietário.

Primeira publicação nos EUA pela HarperCollins, Nova York, NY.
Todos os direitos reservados.

"Edição brasileira publicada mediante acordo com
Linda Michaels Limited, International Literary Agents."

Direitos para a língua portuguesa reservados
com exclusividade para o Brasil à
EDITORA ROCCO LTDA.
Avenida Presidente Wilson, 231 – 8º andar
20030-021 – Rio de Janeiro – RJ
Tel.: (21) 3525-2000 – Fax: (21) 3525-2001
rocco@rocco.com.br
www.rocco.com.br

*Printed in Brazil*/Impresso no Brasil

preparação de originais
LUCAS CARVALHO

CIP-Brasil. Catalogação-na-fonte.
Sindicato Nacional dos Editores de Livros, RJ.

G82p    Gray, John, 1951-
Por que Marte e Vênus colidem: como homens e mulheres podem driblar o estresse / John Gray; tradução de Alice Klesck. – Rio de Janeiro: Rocco, 2008.

Tradução de: Why Mars & Venus collide: improving relationships by understanding how men and women cope differently with stress.
Anexos
Inclui bibliografia
ISBN 978-85-325-2369-3

1. Estresse (Psicologia). 2. Relações homem-mulher. 3. Relações humanas. I. Título.

08-2861

CDD–155.9042
CDU–159.944.4

*Este livro é dedicado à minha esposa, Bonnie Gray,
com o mais profundo amor e afeição.
Seu amor me ajudou a ser o melhor que posso e
a compartilhar com os outros o que nós aprendemos juntos.*

# SUMÁRIO

AGRADECIMENTOS ❖ 9

INTRODUÇÃO ❖ 11

CAPÍTULO UM
POR QUE MARTE E VÊNUS COLIDEM ❖ 17

CAPÍTULO DOIS
CONDICIONADO PARA SER DIFERENTE ❖ 45

CAPÍTULO TRÊS
HORMÔNIOS DO ESTRESSE
DE MARTE E VÊNUS ❖ 65

CAPÍTULO QUATRO
A INTERMINÁVEL LISTA
DE TAREFAS DA MULHER ❖ 87

CAPÍTULO CINCO
A SOLUÇÃO 90/10 ❖ 103

CAPÍTULO SEIS
O SR. CONSERTA-TUDO E O
COMITÊ DE MELHORIAS DO LAR ❖ 123

CAPÍTULO SETE
A ANATOMIA DE UMA BRIGA ❖ 137

CAPÍTULO OITO
COMO PARAR DE BRIGAR
E FAZER AS PAZES ❖ 157

CAPÍTULO NOVE
FALANDO DE SENTIMENTOS
EM TERRITÓRIO NEUTRO ❖ 177

CAPÍTULO DEZ
BUSCANDO O AMOR EM TODOS
OS LUGARES CERTOS ❖ 197

CONCLUSÃO
CRIANDO UMA VIDA DE AMOR ❖ 217

FONTES ❖ 229

Anexo A: Reduzindo o estresse por
meio da limpeza celular ❖ 233

Anexo B: Criando a química cerebral da saúde,
da felicidade e do romance ❖ 237

Anexo C: Treinamento e aconselhamento Marte/Vênus ❖ 239

# AGRADECIMENTOS

Agradeço à minha esposa, Bonnie, por compartilhar comigo a jornada para o desenvolvimento deste livro. Ela tem sido uma ótima professora, assim como minha maior fã. Ela é uma fonte tremenda de *insights* e sua capacidade de amar é uma grande inspiração. Agradeço a ela por expandir minha habilidade para entender e honrar o ponto de vista feminino. Essa perspectiva não somente enriqueceu nossa vida em comum, mas também proveu o alicerce de muitos *insights* deste livro.

Eu agradeço às nossas três filhas, Shannon e seu marido, Jon Myers; Juliet e seu marido, Dan Levinson; e Lauren, por seu amor e apoio contínuos. Nossas inúmeras conversas decididamente enriqueceram minha perspectiva sobre o que significa ser uma jovem mulher hoje. O amor que compartilhamos e os inúmeros desafios que cada um deles superou me ajudaram para a base das diversas idéias práticas em *Por que Marte e Vênus colidem*. Eu também agradeço à Sophia Rose, nossa nova neta, pela graça e pela alegria que ela trouxe à família.

Eu agradeço à minha equipe, Bonnie Gray, Juliet Levinson, Jeff Owens, Melanie Gorman, Dean Levin, Neil Dickens, Ellie Coren e Sherrie Natrass, por seu apoio constante e pelo trabalho duro na organização e produção de meus discursos, seminários, colunas, programa de televisão e rádio, distribuição e desenvolvimento de produto nutricional, da página na internet MarsVenus.com, da linha de aconselhamento telefônico AskMarsVenus.com, MarsVenusDating.com, do programa de treinamento Mars Venus, MarsVenusGoCleanse.com, e dos retiros Mars Venus Wellness. Sendo um pequeno grupo de pessoas, vocês fazem muito. Eu também quero agradecer às centenas de pessoas que ajudaram nossa equipe a trazer essa mensagem ao mundo.

Agradeço às minhas editoras, Kathryn Huck e Diane Reverand, por seus *feedbacks*, conselhos, e *expertise* editorial, e à presidente da Harper-Collins, Jane Friedman, à editora Jonathan Burnham, por sua visão e seu incentivo. Agradeço a Steven Kunkes, M.D., por revisar os capítulos de conteúdo científico, assegurando que estivesse tudo correto.

As idéias deste livro certamente foram inspiradas em minhas experiências pessoais em criar um relacionamento amoroso e ajudar outras pessoas a fazerem o mesmo; porém, sem os milhares de pessoas que generosamente compartilharam suas percepções, experiências e pesquisas, isso jamais seria tão enriquecedor. Cada página tem alguma pérola de sabedoria que eu prezei ouvir e sei que você, leitor, também prezará. Para essas idéias, foi preciso que uma equipe dedicada de professores de saúde, felicidade e relacionamento, escritores, técnicos, pesquisadores, terapeutas, médicos, enfermeiras, pacientes e conferencistas as refinasse e desenvolvesse ao longo de trinta anos. Muito do desenvolvimento dessas novas idéias de *Por que Marte e Vênus colidem* foi feito através de compilações especiais e seminários no Mars Venus Wellness Center, no nordeste da Califórnia, ao longo dos últimos cinco anos.

Agradeço aos colegas e especialistas que me auxiliaram durante minha pesquisa: dr. Daniel G. Amen, John e Cher Anderson, Jack Canfield, Warren Farrell, Jim e Kathy Cover, Tony e Randi Escobar, dr. Solar Farahmand, dr. Mitzi Gold, dr. Denis Harper, dr. William Hitt, Peter e Sarah Greenwall, dr. Tom Mcneillis, dr. Gary Gordon, Ron Reid, dr. Brian Turner, Harv Ecker e dra. Cynthia Watson.

Agradeço aos milhares de pessoas que compartilharam suas experiências pessoais, suas preocupações e seus comentários. Seu entusiasmo com esse material me motivou e deu confiança para escrever este livro.

Agradeço aos inúmeros amigos e familiares pelo apoio e pelas sugestões úteis: Robert Gray, Tom Gray, David Gray e Virginia Gray, Darren e Jackie Stephens, Chifford McGuire, Ian e Ellen Coren, Martin e Josie Brown, Andrea e Reggie Henkart, Mirra Rose, Lee Shapiro, Gary Quinton, Russ e Carol Burns, Rhonda Collier, Rami El Batrawi, Sherrie Bettie, Max e Karen Langenburg e Malcolm Johns.

Eu agradeço aos meus pais, Virginia e David Gray, por todo o seu amor e seu apoio, e a Lucille Brixey, que sempre foi como uma segunda mãe para mim. Embora eles não estejam mais aqui, seu amor e seu incentivo continuam a me envolver e abençoar.

# INTRODUÇÃO

Nos últimos cinqüenta anos, a vida se tornou mais complicada. Jornadas de trabalho mais extensas, intensificadas por deslocamentos cansativos e um tráfego mais pesado, a escalada dos preços de imóveis, alimentação e planos de saúde, aumento dos débitos do cartão de crédito e as responsabilidades adicionais no trabalho e cuidados com as crianças, em famílias com dois profissionais de carreira, são apenas algumas fontes de estresse em nossas vidas modernas e aceleradas. Apesar de novas tecnologias projetadas para nos conectar, a sobrecarga de informação e a acessibilidade em tempo integral, via internet e telefones celulares, restringiu muito de nossa comunicação ao equivalente a mensagens de texto. Somos forçados até o limite, com pouca energia para nossas vidas pessoais. Embora a independência e as oportunidades de sucesso no trabalho aumentem, nós ficamos com uma sensação de isolamento e exaustão no lar.

Os níveis inéditos de estresse que homens e mulheres estão experimentando têm um preço em nossos relacionamentos amorosos. Solteiros ou em relacionamentos de compromisso, freqüentemente estamos ocupados ou cansados demais para manter sentimentos de atração, motivação e afeição. O estresse do dia-a-dia esgota nossa energia e nossa paciência e nos faz sentir exaustos e sobrecarregados demais para desfrutar e apoiar um ao outro.

É comum estarmos ocupados demais para enxergar o óbvio. O homem dá seu coração e sua alma para fazer dinheiro suficiente para prover seus familiares e volta para casa cansado demais até para falar com eles. A mulher apóia o marido e os filhos, depois se ressente por não receber deles o tipo de apoio que tanto se esforça para dar. Sob a influência do estresse, homens e mulheres se esquecem do motivo que nos leva a fazer o que fazemos.

Ao viajar pelo mundo ensinando meus *insights* sobre Marte e Vênus, tenho testemunhado uma nova tendência nos relacionamentos ligada ao aumento do estresse. Tanto os casados quanto os solteiros acreditam estar ocupados ou exaustos demais para resolver as questões de seus relacionamentos e freqüentemente acham que seus parceiros são exigentes demais ou simplesmente muito diferentes para entender.

Na tentativa de lidar com esse estresse crescente de trabalhar pelo sustento, tanto os homens quanto as mulheres se sentem negligenciados em casa. Enquanto alguns casais passam pelo aumento da tensão, outros simplesmente já desistiram, varrendo suas carências emocionais para debaixo do tapete. Eles podem se entrosar, mas a paixão se foi.

Homens e mulheres sempre tiveram desafios em seus relacionamentos, porém, com o estresse adicional do nosso estilo de vida moderno, esses desafios se tornaram maiores. Com a escalada do estresse no mundo exterior, nossas necessidades domésticas mudaram drasticamente. Sem compreender as novas necessidades de nossos parceiros para lidar com o estresse, nós podemos, na verdade, piorar as coisas ao tentarmos melhorá-las.

Felizmente, há uma nova forma de entender e lidar com o aumento dos níveis de estresse. Em vez de ser outro problema para resolvermos, os relacionamentos podem ser a solução. Em lugar de regressar ao lar para um novo conjunto de problemas e estresse, voltar para casa pode ser um porto seguro e confortante de apoio amoroso. Entender como homens e mulheres lidam com o estresse de formas diferentes nos dá uma perspectiva totalmente nova para melhorar a comunicação e obter êxito em dar e receber apoio de nossos parceiros.

A habilidade de comunicação pode aproximar homens e mulheres, mas quando o aumento do estresse de nossas vidas atribuladas entra na equação, Marte e Vênus colidem. O estresse gera muitos dos motivos pelos quais brigamos, mas o fato de homens e mulheres lidarem com o estresse de formas distintas é a raiz de nossos conflitos. Embora homens e mulheres sejam semelhantes, no que diz respeito ao estresse eles são diferentes. Com a escalada do estresse, essas diferenças são intensificadas. Em vez de enfrentar os desafios da vida e crescerem juntos no amor, muitos casais assumem uma distância confortável, mas sem paixão, ou são dilacerados pelos sentimentos de mágoa, confusão e desconfiança que levam a brigas explosivas.

Às vezes, é como se viéssemos de planetas completamente diferentes; homens são de Marte e mulheres são de Vênus. Sem uma forma positiva de entendermos nossos mecanismos distintos, Marte e Vênus colidem, em vez de se unirem.

Homens e mulheres não apenas reagem ao estresse de maneiras únicas, mas o tipo de apoio necessário para aliviar seu estresse também é diferente. Em todos os capítulos de *Por que Marte e Vênus colidem*, nós iremos explorar as diferentes formas como homens e mulheres experimentam o estresse, assim como as melhores maneiras de lidar com ele e apoiar um ao outro. Meu objetivo, ao escrever este livro, é lhes prover uma nova forma de entender um ao outro e estratégias eficazes para criar um relacionamento saudável e feliz que irá baixar realmente seus níveis de estresse.

Quanto mais formos cientes de nossas diferenças naturais, mais tolerantes nos tornaremos quando e se essas diferenças surgirem. Em lugar de pensar: "O que há de errado com minha parceira?", você será capaz de ponderar sobre o que há de errado com a forma como você está se aproximando dela. Em vez de concluir que seu parceiro está sendo desatencioso, você pode ao menos ter algum consolo ao saber que ele está distraído ou boiando. É comum que os casais não tenham um senso real da forma como cada um deles é afetado pelas coisas.

Aceitar nossas diferenças pode instantaneamente tornar nossos relacionamentos mais leves. Muitos casais sentem um peso em suas vidas, pois acreditam que precisam se sacrificar para agradar seus parceiros. Esse comportamento precisa mudar.

É certo que todos os relacionamentos exigem adaptações, compromissos e sacrifícios, mas não temos que abrir mão de nós mesmos. Em vez disso, podemos chegar a um compromisso justo e sensato. O sentido da vida não é termos tudo o que queremos à nossa maneira quando quisermos. Experimentamos a abertura de nossos corações ao compartilharmos.

Quando um avião decola e voa em piloto automático, ele chegará ao seu destino. Embora o trajeto pareça perfeito, não é. A cada ponto de sua rota, o curso do avião varia devido a mudanças de ventos e à resistência do ar. Ele nunca está num posicionamento perfeito, mas geralmente segue o rumo certo. Uma aeronave em piloto automático constantemente faz pequenos ajustes para corrigir sua direção.

Com os relacionamentos é a mesma coisa. Ninguém é perfeito, mas seu parceiro pode ser a pessoa perfeita para você. Se continuarmos a nos corrigir e ajustar, podemos criar uma vida de amor. Quando sabemos de nossos erros e ajustamos nossas ações, podemos reduzir a tensão em nossos relacionamentos.

Sem a compreensão de suas necessidades distintas, homens e mulheres estão ajustando suas ações e reações sem proveito. Suas ações podem estar apontando para a direção errada. Meu propósito com *Por que Marte e Vênus colidem* é dar a você o entendimento e as técnicas de que irá precisar para calcular os efeitos de ruptura do estresse e para engrenar num trajeto verdadeiro de uma vida de amor.

Começaremos examinando as novas fontes drásticas de estresse em nossas vidas trazidas pela mudança dos papéis de homens e mulheres. A crescente pressão para que as mulheres trabalhem fora e a forte redução do potencial dos homens de ganhar o suficiente e ser provedores exclusivos vêm sacudindo os alicerces da nossa sociedade. O mosaico complexo dos papéis e das expectativas tradicionais para homens e mulheres, moldados e refinados durante milênios, foi estilhaçado, e nós estamos recolhendo os pedaços.

Nunca, na história, testemunhamos tantas mudanças sociais num período tão curto de tempo. Com direitos iguais, melhor formação, liberação sexual e uma independência financeira maior, as mulheres de hoje possuem, mais do que nunca, opções para criar uma vida melhor, mas todos estamos mais estressados em casa. Nunca se esperou que as mulheres fizessem tanto, e isso pode ser sufocante para Vênus. É claro que esse estresse foi imediatamente transmitido a Marte, acarretando mal-entendidos, atritos e um senso de inutilidade.

Após olharmos as mudanças de nossas expectativas nos relacionamentos, iremos rever pesquisas científicas transformadoras que respaldam as diferenças entre os sexos, que eu descrevo em todos os meus livros. Há razões fisiológicas para que as mulheres encontrem conforto em falar sobre seus problemas e os homens prefiram a reclusão; as mulheres podem executar tarefas múltiplas e se lembrar de tudo, enquanto os homens enfocam uma coisa de cada vez, se esquecendo do restante. Eu lhes darei uma visão geral da pesquisa científica, em termos de fácil entendimento, para mostrar como os cérebros e os hormônios de homens e mulheres são condicionados para reagir ao estresse de formas diferentes.

Ao examinarmos nossos comportamentos diferentes em situações de estresse, como, por exemplo, com a lista interminável de tarefas da mulher, eu espero lhes dar novos *insights* sobre nossas colisões em decorrência dessas reações. Ao longo de *Por que Marte e Vênus colidem*, vocês verão como os homens e as mulheres são realmente diferentes.

Lembrar e entender nossas diferenças é somente metade da batalha. A outra metade é a ação – aprender a lidar com o estresse de forma mais eficaz. Este livro visa a ajudá-lo a descobrir novas formas de diminuir seu próprio estresse e a reduzir o de seu parceiro. Estando num relacionamento ou sendo solteiro, você irá descobrir que há uma variedade de novos meios práticos de melhorar sua comunicação, levantar seu astral, aumentar sua energia, elevar seus níveis de atração no relacionamento, gerar harmonia com seu parceiro e desfrutar de uma vida de amor e romance. Você aprenderá por que a comunicação é interrompida, ou o motivo do fracasso de relacionamentos passados, e o que você pode fazer agora para garantir o sucesso futuro.

Eu o conduzirei pela anatomia de uma briga e lhe darei técnicas para parar uma briga antes que ela se torne prejudicial e darei aconselhamentos sobre como fazer as pazes. Mais importante, ensinarei como evitar brigas antes que comecem, transformando Conversas de Vênus em rituais cotidianos que irão relaxar as venusianas e dar aos marcianos um senso de realização com esforço mínimo.

Finalmente, vou sugerir inúmeras formas com as quais você pode reduzir o estresse em seus relacionamentos, engajando-se no mundo e enriquecendo sua vida. Quando você aprender a lidar com o estresse de forma mais eficaz e se lembrar das diferenças entre os sexos, que são condicionadas em nossos cérebros, responsabilizará o estresse por seus problemas, e não o seu parceiro. Em vez de esperar que seu parceiro mude, você aprenderá a baixar seus próprios níveis de estresse. Quando seu estresse for reduzido, você estará livre da compulsão de culpar ou mudar seu parceiro. Em lugar disso, irá lembrar e experimentar o prazer de amar e aceitar seu parceiro exatamente como ele é, como fazia ao se apaixonar. Marte e Vênus giram harmoniosamente em órbita ao redor do sol, em seus trajetos próprios, da mesma maneira como homens e mulheres têm de fazer para criar um amor duradouro.

Uma ajuda adicional seria juntar-se aos milhões que me visitam a cada semana em minha página na internet, www.marsvenus.com. Você pode reforçar seus novos entendimentos das diferenças assistindo, gratuitamente, pela internet, ao meus programas de televisão ou rádio. Regularmente, eu respondo, *online*, às perguntas sobre relacionamentos, bioquímica da saúde e felicidade. Além disso, para obter um auxílio complementar quanto à sua situação pessoal, a qualquer hora ou lugar, de forma programada ou se surgir uma crise, você pode conversar *online*, ou pelo telefone, com um técnico Mars Venus. Você também pode ouvir regularmente as conferências telefônicas, nas quais eu examino muitas estratégias e fontes para melhorar a comunicação e o estresse, desfrutando de uma saúde melhor, de felicidade e de relacionamentos amorosos.

Adicionalmente, eu lhes convido a ingressar na comunidade Mars Venus Wellness Community (Comunidade de Bem-Estar Marte Vênus) em minha página na internet, em que dou aconselhamento específico para cada sexo sobre nutrição saudável e limpeza celular do corpo. Assim como os ajustes em seu comportamento podem fazer uma grande diferença na redução de seu nível de estresse, mudanças pequenas, mas significativas, no que você come e na forma como se exercita também podem fazer uma diferença substancial.

Ao ler *Por que Marte e Vênus colidem*, eu espero que você compartilhe de meu entusiasmo e comece a falar com todos que conhece sobre esses novos *insights* e novas fontes. Juntos, podemos criar um mundo melhor, mudando um relacionamento de cada vez.

– JOHN GRAY, Ph.D., abril de 2007

CAPÍTULO 1

# POR QUE MARTE E VÊNUS COLIDEM

Aqui está uma cena que ocorre toda noite em todos os lugares:

*Susan equilibra seu laptop e os sacos de compras ao abrir a porta do apartamento onde mora com o marido, Marc.*
*— Olá, me desculpe pelo atraso. Que dia! — ela grita, acima do som da TV, vindo da sala.*
*— Oi, querida — ele responde —, vou num segundo, só quero ver essa jogada.*
*Susan larga os sacos no balcão e começa a olhar a correspondência que Marc deixou ali. Ela pega uma garrafa de água na geladeira.*
*— Eu comprei umas coisas para fazer salada para acompanhar as sobras do chili de peru — diz ela, gritando para Marc, que entra faceiro na cozinha.*
*— Ah, eu comi o chili quando você ligou dizendo que ia se atrasar. Eu estava faminto. — Ele se inclina para lhe dar um beijo. — Está pronta para a sua apresentação?*
*— Eu queria comer o chili no jantar, antes de trabalhar mais um pouco no Power Point. Acho que não está tão bom quanto pode ficar. Meu supervisor está realmente contando comigo. Estou muito ansiosa por isso.*
*— Tenho certeza de que está ótimo! Você está se preocupando demais — diz ele, tentando tranqüilizá-la. — Você é muito perfeccionista.*
*— Na verdade, não. Eu só não acho que esteja certo ainda. Isso é muito importante.*

— *Talvez possamos sair para beliscar algo, vai te relaxar. Posso deixar de ver o jogo.*
— *Está brincando comigo? Estou com a cabeça cheia e quero ter uma boa noite de sono.*
— *Bem, nós podemos pedir algo...*
— *Estou tentando comer comidas saudáveis, pizza não vai dar. Vou fazer ovos mexidos, ou uma omelete com torradas. Eu até que gostaria de uma comida confortante.*
— *Você que sabe...*
— *A propósito, você se lembrou de pegar meu terninho preto?* — Quando ela vê a expressão de Marc, seu sangue ferve. — *Não posso acreditar que você esqueceu. Eu pretendia vestir aquele terno amanhã.*
— *Você tem um closet entulhado de roupa...*
— *Essa não é a questão, eu até te lembrei.*
— *Bem, vou acordar cedo e estar lá quando a lavanderia abrir de manhã. Eu estava cansado demais para fazer mais uma coisa.*
— *Simplesmente esqueça. Eu quero sair cedo.*
— *Eu realmente sinto muito, Susan... escapou.*
— *Certo. Muito obrigada. Tudo o que eu queria era uma pequena ajuda para estar preparada para um dia importante amanhã.*

Depois disso, fica claro que a noite que vem pela frente não será muito relaxante para Susan e Marc, que estão rumo a uma briga. Na melhor das hipóteses, eles certamente não estão num clima romântico. O que houve entre Susan e Marc demonstra pontos de atrito comuns nos relacionamentos de hoje. O emprego de grande pressão de Susan, suas expectativas quanto à contribuição do marido em casa, o esquecimento dele, a forma como ele subestima sua ansiedade e a oferta de soluções para seus problemas levam a uma situação explosiva.

Ao ler *Por que Marte e Vênus colidem*, você irá aprender a reconhecer as suposições que fazemos todos os dias e que deixam de levar em conta o quão diferentes homens e mulheres realmente são.

Precisamos desafiar nossas presunções sobre a forma como homens e mulheres devem ser, passando a prezar quem somos em termos práticos, o que podemos oferecer um ao outro e de que forma podemos nos unir para resolver os novos problemas que enfrentamos hoje. Podemos criar um novo padrão para os papéis masculino e feminino que possa nos aproximar harmoniosamente.

Nosso maior problema em casa é que as mulheres esperam que os homens reajam e se comportem da forma como elas o fazem, enquanto os homens continuam a interpretar mal o que as mulheres realmente precisam. Sem um entendimento correto e positivo dessas diferenças, a maioria dos indivíduos começa, gradualmente, a se sentir só, em vez de recorrer ao apoio que sentiam no início do relacionamento.

---

As mulheres esperam, equivocadamente, que os homens reajam e se comportem da forma como elas o fazem, enquanto os homens continuam a interpretar mal o que as mulheres realmente precisam.

---

Homens adoram resolver problemas, mas, quando seus esforços são mal direcionados e subestimados, com o tempo, eles perdem o interesse. Quando esse desafio é corretamente compreendido, eles se tornam muito mais habilidosos em ajudar as mulheres a lidar com o fardo do estresse crescente em suas vidas. Este livro ajuda a explicar esse dilema de uma forma que a maioria dos homens entende e aprecia. Mesmo que o parceiro de uma mulher não leia este livro, ainda há esperança. *Por que Marte e Vênus colidem* não é só sobre homens entenderem as mulheres. Também é sobre mulheres entendendo a si mesmas e aprendendo a pedir, de forma eficaz, o apoio do qual precisam. As mulheres irão aprender novas maneiras de comunicar suas necessidades; porém, o mais importante é que as leitoras aprenderão a evitar colocar de lado o apoio que os homens já querem dar.

Aqui está outra cena:

*Joan está limpando a mesa após o jantar das crianças, quando ouve o carro de Steve entrando na garagem. Ele entra pela ante-sala tendo uma conversa urgente ao telefone celular.*

*— Não posso acreditar que eles fizeram isso. Os papéis deveriam ser preenchidos ao final da próxima semana. Como devemos organizar*

tudo até essa sexta-feira? Acha que podemos conseguir adiar até segunda? Faça o possível e me avise.

Ele larga a pasta e se inclina sobre o balcão para ver os recados em seu BlackBerry.

— Seu dia parece tão louco quanto o meu — diz Joan. — Você gostaria de um pouco de vinho? Podemos sentar e conversar. Tanta coisa aconteceu hoje.

— Vinho... é... não — diz ele, distraído por uma mensagem de texto. — Acho que vou só beber uma cerveja e assistir a um pouquinho do noticiário.

— Não pude deixar de ouvir sua conversa. — Joan tira uma garrafa de cerveja da geladeira para Steve. — Isso significa que você não poderá ir ao torneio de hóquei de Kyle neste fim de semana? Ele ficará decepcionado. E eu tenho que levar Melanie para a aula de dança e Jake para o treino de basquete e a aula particular. Não posso estar em três lugares ao mesmo tempo.

— Não quero pensar nisso agora. Talvez nem seja problema. Se não conseguirmos adiar a data, eu terei todo o tempo do mundo no fim de semana, mas ficarei imprestável. Vamos dar um jeito, não se preocupe.

— Mas eu também tenho compromissos. Quando acha que vai saber?

— Acho que não podemos fazer nada até de manhã.

— O que você gostaria de comer no jantar? As crianças estavam tão esfomeadas que devoraram o frango.

— Não faz mal, o que você quiser.

— Podemos comer massa, ou...

— Sério, Joan. — Steve a interrompe. — Tanto faz, o que você quiser. Não quero pensar sobre isso.

— Mas que ótimo, eu fico feliz por você prezar as refeições que compro e preparo, e eu trabalhei hoje. Vou arranjar alguma coisa para nós. — Ela abre o armário e olha o que tem dentro. — Quando terminarmos, Kyle precisa de uma ajuda com álgebra. As notas dele estão começando a cair porque ele está sempre treinando...

— Tudo em que quero pensar agora é naquele sofá macio e no jornalista monótono.

— *Pai! Você chegou!* — *O pequeno Jake entra na cozinha correndo com sua nova bola de basquete.* — *Quer brincar?*
— *Oi, companheiro!* — *Steve cumprimenta o filho, cansado.*
— *Agora não, Jake* — *diz Joan.* — *Seu pai está exausto e você deveria estar fazendo o dever de casa!*
— *Vocês nunca são divertidos!*

Joan e Steve olham um para ou outro e sabem que o filho está certo. Parece não haver tempo de recesso em suas vidas para relaxar e desfrutar dos resultados de seu trabalho árduo. Assim como Joan e Steve, muitos casais de hoje experimentam crescente frustração e confusão ao lidarem com o estresse de suas vidas diárias.

Nesse contexto, em vez de levar em conta as necessidades únicas um do outro para relaxar após um dia difícil, Joan e Steve se trancam em seus próprios mecanismos de Marte/Vênus para lidar com a situação, o que gera um atrito considerável entre eles.

## Nossas diferenças são intensificadas pelo estresse

Os relacionamentos estão sofrendo porque homens e mulheres lidam com o estresse de formas distintas. Os homens são de Marte e as mulheres são de Vênus, e nossas diferenças são intensificadas pelo estresse. Quando não compreendemos nossos mecanismos para lidar com a situação, Marte e Vênus colidem.

---

Hoje, nosso maior desafio é que homens e mulheres lidam com o estresse de formas distintas.

---

Como homens e mulheres não reagem ao estresse da mesma forma, também diferem os tipos de apoio que requerem para aliviar o estresse. O que ajuda os homens a aliviar o estresse pode ser o oposto do que ajuda as mulheres a se sentir melhor. Enquanto ele se retrai à sua caverna para esquecer os problemas do dia, ela quer interagir e conversar sobre as coisas. Quando ela compartilha suas frustrações, ele oferece soluções, mas ela só está em busca de alguma empatia. Sem um entendimento claro das necessidades e das reações singulares ao estresse, eles irão, inevitavelmente, se sentir desamparados e menosprezados. Ao lembrar que os homens são de Marte e as mulheres são de Vênus, nós podemos superar essa tendência de colidir e, em vez disso, juntos encontrar formas de apoio mútuo. Em lugar de ser mais uma fonte de estresse, nossos relacionamentos podem ser um porto seguro no qual podemos ter apoio, conforto e calma. Precisamos entender nossas diferenças se vamos apoiar um ao outro na superação desse desafio. Esse novo entendimento de como os homens e as mulheres reagem distintamente ao estresse permitirá que nossos relacionamentos prosperem, e não simplesmente sobrevivam.

Pesquisas científicas recentes de que falaremos nos próximos dois capítulos revelam que essas reações diferentes ao estresse são, na verdade, condicionadas em nossos cérebros e, em grande parte, são determinadas pelo equilíbrio hormonal. Essas reações se tornam mais extremas sob um estresse maior. Em *Por que Marte e Vênus colidem*, nós utilizaremos esses *insights* científicos aliados ao bom senso para conduzir nosso caminho. Estar ciente de nossas diferenças bioquímicas natas nos liberta da compulsão nada saudável de mudar nossos parceiros e acaba nos levando a celebrar as diferenças. Em vez de nos ressentirmos uns com os outros, podemos rir de nossas diferenças. Em termos práticos, não podemos modificar a forma como nossos corpos reagem ao estresse, mas podemos mudar quanto à reação de nosso parceiro ao estresse. Em vez de resistirmos, nos ressentirmos, ou até rejeitarmos nossos parceiros, nós podemos aprender novas formas de lhes oferecer o apoio do qual precisam, assim como receber o que precisamos.

Quando a desesperança volta a ser esperança, o amor pode voltar a fluir em nossos corações. Intuitivamente, todos sabemos que o amor inclui aceitação e perdão, mas, às vezes, simplesmente não o encontramos. Com esses *insights*, você descobrirá um novo nível de aceitação e amor que irá transformar sua vida. Em vez de tentar mudar o que não pode ser mudado, você será capaz de enfocar o que é possível mudar. Nesse processo, descobrirá que tem o poder de fazer aflorar o que há de melhor em seu parceiro.

> Em vez de se ater ao que você não está recebendo, ou ao que não quer, você começará a enfocar aquilo que quer e pode obter.

Essa mudança importante irá prover um novo alicerce para que você crie uma vida de amor. Os cenários neste capítulo demonstram algumas das inúmeras formas como homens e mulheres comumente colidem. Veja se você se identifica com algumas dessas reclamações ou situações delicadas que ouço quando estou atendendo mulheres e homens, solteiros ou casados.

| RECLAMAÇÕES DE VÊNUS | RECLAMAÇÕES DE MARTE |
|---|---|
| Ele larga tudo jogado pela casa. Estou cansada de arrumar a bagunça que ele deixa. | Sempre há algo que não fiz. |
| Nós dois trabalhamos. Por que ele não ajuda mais quando chegamos em casa? | Ela sempre encontra algo novo para reclamar. |
| Ele senta na frente da televisão, enquanto eu faço tudo. Não sou sua empregada particular. | Ela quer tudo feito na hora. Por que não pode simplesmente relaxar? |
| Não consigo acreditar que ele se esqueça de tudo. Não posso depender dele para nada que seja importante para mim. | Não posso crer que ela se lembre de todos os meus erros e não pare de mencioná-los. |
| Eu tenho que me desdobrar, fazendo mil coisas, e ele parece nem ligar, ou nem quer ajudar. | Quando me ofereço para ajudar, ela sempre acha algo errado em minhas sugestões. Para que me incomodar? |
| A única hora em que ele me ajuda é quando peço. Por que não pode simplesmente fazer, como eu? | Ela espera que eu seja um leitor de mentes e saiba o que ela quer. |

*(continua)*

| RECLAMAÇÕES DE VÊNUS | RECLAMAÇÕES DE MARTE |
|---|---|
| Quando tento falar com ele, ou está distraído, ou fica interrompendo para dar soluções. | Quando tento relaxar ou passar um tempo com meus amigos, ela reclama que não ficamos juntos o bastante. |
| Quando ele fala, fala sem parar e não está interessado no que eu tenho a dizer. Eu gostaria que ele me desse menos conselhos e me ajudasse mais. | Eu ajudo na casa, mas ela continua exausta. Nada do que eu faço é reconhecido ou estimado. |
| Ele fica temperamental e irritado. Eu não sei o que fazer para ajudar. Ele simplesmente me exclui de sua vida. | Eu nunca sei quando ela vai aparecer com uma lista de reclamações. Eu me sinto como se tivesse que andar sobre ovos ao redor dela. |
| Ele era mais afetuoso e interessado. Agora ele me ignora, a menos que queira algo. | Ela está sempre reclamando de alguma coisa. Nada a deixa feliz. |
| Ele nem nota mais a minha aparência. Será que esperar um elogio ocasional é muito? | Ela faz um cavalo de batalha das coisas. Por que tem que ser tão emotiva? |
| Não posso falar sobre como me sinto, e o que penso e o que acho que devemos fazer, sem que ele se sinta como se eu o estivesse controlando e lhe dizendo o que fazer. | Ou ela reclama por eu trabalhar demais, ou diz que não tem dinheiro suficiente. Nunca dou uma dentro. |
| Não temos mais tempo para romance. Ou ele está trabalhando, ou assistindo à televisão, ou na rua, ou dormindo. | Quando estou no clima, ou ela está cansada demais, ou com coisas demais para fazer. |
| A única hora em que ele me toca é quando quer sexo. | Eu me sinto como se tivesse que saltar por dentro de argolas para fazer sexo com ela. |
| Eu passo o dia todo com as crianças, depois ele chega em casa e quer me dizer o que faço de errado. | Quando fico com as crianças, ela me corrige no que faço. Ela diz que precisa de uma folga, mas depois fica me dizendo o que fazer. |

*(continua)*

| RECLAMAÇÕES DE VÊNUS | RECLAMAÇÕES DE MARTE |
|---|---|
| Sempre que falamos das finanças, temos uma briga. O que eu digo parece não ter importância. | Quando repassamos as contas, ela me questiona quanto à forma como gasto o dinheiro. Não quero que ela fique me dizendo o que fazer. |

Algumas dessas reclamações parecem familiares? Elas são apenas a ponta do iceberg, mas representam uma nova tendência nos relacionamentos. Se pudermos ver nossas diferenças sob uma nova luz, não apenas enriqueceremos a comunicação nos relacionamentos, mas também os transformaremos numa base sólida para apoiar todas as outras áreas de nossas vidas. Na verdade, equipados com uma nova perspectiva, podemos nos aproximar enquanto lidamos com o estresse, em vez de desmoronarmos.

## Por que ficamos estressados

Uma nova fonte expressiva de estresse em nossas vidas, durante os últimos cinqüenta anos, tem sido as mudanças nos papéis de homens e mulheres. Um homem costumava ir para o trabalho para prover sua família. O senso de orgulho e realização que ele sentia, junto com o amor e o apoio que recebia em casa, o ajudava a lidar com boa parte do estresse de seu dia.

As mulheres costumavam passar a maior parte do dia criando um belo lar e uma vida em família, enquanto cultivavam amigas e contribuíam com a comunidade. Embora ser uma dona-de-casa exigisse bastante, ter tempo para enfocar o que tinha a fazer possibilitava à mulher regular sua vida para minimizar o estresse. Havia o trabalho do homem e o trabalho da mulher. Além de ser um bom provedor, eram poucas as exigências adicionais de seu parceiro, e geralmente se referiam a carregar peso.

Com a escalada dos custos, esse estilo de vida já não é mais uma opção para todas as mulheres. Com muito mais freqüência, espera-se que a mulher contribua financeiramente para prover a família. Ao mesmo tempo, o movimento feminista despertou as mulheres e inspirou muitas a buscar uma carreira satisfatória, de modo a desenvolverem todos os seus talentos. Quando uma mulher volta para casa após o trabalho, se sentindo responsável por criar um belo lar e cuidar de sua família, ela tem de fazê-lo paralelamente às exigências do emprego. Esse é um novo estresse e requer um novo tipo de apoio. Não se admira que a mulher se sinta tão sobrecarregada ao equilibrar as exigências do trabalho e do lar.

---

Para a maioria das mulheres, ter um emprego ou uma carreira já não é uma opção, mas uma necessidade.

---

Os homens também precisam de mais apoio. Em vez de voltar para casa e descansar, se recuperando de um dia estressante, o homem se vê diante de uma mulher e uma família que precisam mais dele. Sua esposa espera mais de sua ajuda para administrar a casa e participar das atividades dos filhos. Já sem desfrutar do senso de realização que vem de ser um provedor, ele regressa ao lar para seu próximo emprego. Ele tenta dar algum tipo de ajuda, mas não teve o tempo necessário para se recuperar de seu estresse diário. Também acaba cansado e irritado. Após a dedicação aos muitos deveres da vida doméstica, há muito pouco tempo ou vontade para que os casais se concentrem no relacionamento. Esse novo dilema macho-fêmea gerou uma corrente de estresse que afeta todas as áreas de nossas vidas.

Mesmo que uma mulher escolha ficar em casa, não raro ela se vê isolada demais para obter o apoio que necessita. Mais da metade das mulheres casadas trabalha, e o círculo de amigas disponíveis e atividades para as mulheres que não trabalham encolheu. Adicionalmente, as exigências para um homem que é o único provedor da família são extremas, pois manter uma família com um único salário tem se tornado cada vez mais difícil. Ele não tem o tempo nem a energia para que seu casamento ou relacionamento seja a prioridade, para atender às necessidades de uma parceira que parece estar exigindo demais dele.

Hoje estamos lidando em casa com os efeitos colaterais do fato de as mulheres se tornarem mais parecidas com os homens no local de trabalho. O sucesso no trabalho freqüentemente exige um imenso sacrifício para a maioria das mulheres. Sem tempo suficiente durante o dia para suprir seu lado feminino, as mulheres geralmente se tornam cansadas, esgotadas e rancorosas. Em casa, os sentimentos naturais de conforto, calma, reconhecimento e gratidão são freqüentemente ofuscados pela ansiedade, pela urgência e pela exaustão.

Sem novas habilidades para lidar com esse estresse e suprir suas carências emocionais, as mulheres inevitavelmente esperam demais de seus companheiros. Isso gera um estresse ainda maior em seus relacionamentos pessoais. Agindo habitual e instintivamente segundo papéis desatualizados criados num passado distante para um mundo diferente, tanto homens quanto mulheres de hoje se relacionam de formas que aumentam o estresse, em vez de diminuí-lo.

## As mulheres querem que os homens sejam como mulheres

O que aprendemos do local de trabalho é que as mulheres podem fazer qualquer trabalho que um homem pode. Só porque uma mulher é diferente e pode resolver problemas de uma maneira única, isso não significa que ela não possa ser tão competente quanto um homem. Não há necessidade de que uma mulher mude a si mesma para obter respeito em seu local de trabalho ou em casa.

Sermos semelhantes não significa que temos de ser iguais. Para termos respeito equivalente, precisamos reconhecer que somos diferentes e apoiar essas diferenças. Respeitar é honrar a pessoa pelo que ela é e estar aberto para prezar o que ela tem a oferecer.

---

Serem semelhantes não significa que homens e mulheres sejam ou devam ser iguais.

---

Assim como as mulheres não devem precisar mudar a si mesmas para serem respeitadas em seu local de trabalho, os homens não devem precisar mudar quem são em casa. Devido às horas que passam trabalhando fora, ou pelas crescentes exigências às mulheres como mães e donas de casa, elas indiscutivelmente precisam de mais ajuda no lar, mas essa necessidade não exige que os homens mudem a sua natureza.

Em nossa fantasia coletiva de um relacionamento ideal, os homens ainda querem regressar ao lar para uma parceira feliz, que preparou o jantar em sua casa perfeita e estará receptiva a todos os seus desejos sexuais. Embora a maioria das mulheres de hoje careça de tempo, energia e inclinação para viver essa fantasia, elas possuem suas próprias expectativas irreais. Hoje, quando as mulheres regressam ao lar, freqüentemente desejam que uma esposa encorajadora as esteja esperando.

---

Hoje, as mulheres estão tão cansadas e estressadas que também querem uma esposa feliz para saudá-las em casa.

---

Essa tendência nos relacionamentos está gerando uma nova área de conflito. Em diversas formas e em níveis diferentes, as mulheres querem que os homens se tornem mulheres. Querem que os homens compartilhem da mesma responsabilidade em casa e no relacionamento. Já não é suficiente que o homem seja um bom provedor. Se ela trabalha fora, então, para ser justo, ele também deve contribuir trabalhando dentro de casa e contribuindo mais no relacionamento. Se ela está realizando um "trabalho tradicionalmente masculino", então, ele deve fazer um "trabalho tradicionalmente feminino".

Soa bem, mas há outro ponto de vista. Da mesma forma que as mulheres querem que os homens mudem, os homens querem que as mulheres não mudem. A maioria dos homens, até certo ponto, quer que suas parceiras sejam as divas domésticas que suas mães foram. Um homem quer ir para casa e ter o apoio da mulher amorosa. Já que ele está fazendo o que seu pai fazia, sua esposa deve fazer o que sua mãe fazia. Alheio ao quanto é preciso para organizar um lar bem administrado, ele espera dela o impossível.

---

Expectativas irreais tornam quase impossível a troca de papéis entre os sexos.

---

Enquanto os homens se prendem a antigas expectativas, as mulheres estão criando novas expectativas, que são igualmente irreais. Em vários níveis, as mulheres querem um parceiro compassivo e ávido para falar sobre seu estresse do dia, e que compartilhe todas as responsabilidades domésticas. Também quer que seu parceiro seja atento e romântico, planejando programas para agradá-la, depois de resolver inúmeros problemas e emergências imprevistas que inevitavelmente surgem na vida familiar. Resumindo, ela quer uma esposa para compartilhar com ela todas as rotinas domésticas e depois quer um marido que tenha a energia e a motivação para cortejá-la, depois de fazer tudo que os homens geralmente fazem, como consertar as coisas e lidar com emergências. Assim como os homens se prendem a expectativas antigas, as mulheres estão criando novas expectativas. Essas expectativas são compreensíveis, mas irreais.

---

Assim como os homens se prendem a expectativas antigas, as mulheres estão criando novas expectativas, igualmente irreais.

---

Da mesma forma que as mulheres não podem fazer tudo, os homens também não. Hoje em dia, as mulheres carregam um fardo duas vezes mais pesado do que o de suas mães. Elas não somente sentem uma nova pressão econômico-social para trabalharem fora de casa, como também experimentam uma pressão genética antiqüíssima para construir um ninho. Os instintos naturais que uma mulher tem de acolher e suprir geram necessidades e padrões desenvolvidos por uma longa estirpe de mulheres.

---

Regressar ao lar após o trabalho aumenta o nível de estresse da maioria das mulheres.

---

A maioria dos homens estima uma casa bonita e bem organizada; no entanto, eles podem facilmente regressar a uma casa descuidada e relaxar, enquanto assistem à televisão. No mundo dele, o relaxamento vem antes do cuidado com o lar. Após um longo dia de trabalho, um homem respira fundo e começa a relaxar a caminho de casa. Quando uma mulher volta para casa, seu nível de estresse se eleva. Cada célula de seu corpo diz: "Este lar tem de ser arrumado antes que possamos relaxar."

Mesmo que ela quisesse relaxar, não conseguiria. Sua mente está ocupada demais com os padrões que ela tem de manter. Isso também é verdadeiro para mulheres que não trabalham fora de casa. Na mente da mulher há uma longa lista de afazeres. Até que esteja concluída, é muito difícil que ela descanse, relaxe, ou faça algo simplesmente pelo fato de gostar de fazê-lo.

As mulheres são as presidentes de seus lares, organizando o ambiente familiar e determinando o que tem de ser realizado. Uma mulher precisa perceber o que há para ser feito e depois recrutar a ajuda de seu parceiro.

A maioria dos maridos fará, contente, o que lhes for solicitado, mas é raro que em Marte seja notado o que é preciso ser feito. Às vezes, é preciso resmungar tanto para conseguir que algo seja feito, ou a tarefa é realizada tão pela metade, que ela começa a sentir que é mais fácil fazer tudo sozinha. As mulheres não compreendem por que seus parceiros não sentem a mesma motivação para compartilhar as responsabilidades do lar e se ressentem por isso.

---

Sob estresse, as mulheres sentem a pressão
de uma lista de afazeres sem fim.

---

As mulheres são as zeladoras do amor, da família e do relacionamento. Quando deixam de ser mulheres e estão estressadas demais para desempenhar essas funções, todos nós perdemos. As mulheres lembram aos homens o que é importante na vida. Elas detêm a sabedoria do coração e inspiram os homens a agir com seus corações. Os homens podem ter visão ampla, mas as mulheres fornecem o alicerce significativo. Quando as mulheres não estão felizes, ninguém está feliz.

> Quando as mulheres se tornam homens, os homens perdem a motivação, o significado e a inspiração na vida.

Para resolver esse tipo de conflito, homens e mulheres precisam se entender melhor. Os homens precisam reconhecer o que as mulheres estão passando. Uma mulher já sente pressão interior suficiente quanto ao seu dever doméstico. Qualquer pressão extra vinda dele pode facilmente fazê-la ultrapassar seus limites. Ao mesmo tempo, as mulheres precisam reconhecer e entender o que os homens podem ou não podem fazer para serem mais incentivadores.

## Como pedir o apoio de um homem

A maioria dos homens está contribuindo mais com os deveres do lar quando suas esposas trabalham fora para prover a família. Para casais em que ambos os parceiros trabalham, se o homem não está ajudando o suficiente, a solução é pedir que ele ajude de formas bem específicas, em vez de criticar ou rejeitá-lo. Simplesmente não espere que um homem veja tudo o que uma mulher ache que deve ser feito e parta para a ação. Tarefas rotineiras do lar não são urgentes, sob o ponto de vista masculino.

Uma abordagem que funciona, na maioria das vezes, é pedir sua ajuda em termos bem específicos. Homens adoram projetos. Projetos são específicos. Têm um começo e um fim. Ele pode determinar o que vai fazer, como o fará e, mais importante, quando irá fazê-lo. Os homens freqüentemente irão fazer primeiro aquilo que julgam mais importante. Ao lhe darem um projeto a ser realizado, ele também sente que seu empenho não será subestimado. Todos esses ingredientes ajudam a lhe dar energia e motivação. Aqui estão alguns exemplos de como uma mulher pode pedir o apoio de um homem de formas específicas, em vez de maneira geral:

Se ela estiver cansada naquela noite, pode dizer: "Você poderia fazer o jantar hoje, ou pedir uma comida?"

Se houver pilhas de roupa, ela pode dizer: "Você poderia me ajudar a dobrar a roupa hoje?"

Se ela não está com vontade de arrumar a cozinha, pode dizer: "Você poderia lavar a louça, por favor? Eu preciso de uma folga."

Ou, se quer sua ajuda com a louça, em vez de simplesmente esperar que ele se ofereça, ela pode apenas dizer: "Você pode trazer os pratos?" Ou: "Você pode lavar as travessas e panelas hoje? Eu realmente agradeceria pela ajuda."

Se ela precisa de algo do mercado, em vez de fazer isso sozinha, ela poderia pedir: "Você poderia ir de carro até o mercado pegar os itens desta lista?"

Em cada um desses exemplos, ela está dando a ele um projeto que tem começo e fim. Homens tendem a trabalhar melhor em projetos do que em rotinas, já que rotinas não têm um começo nem um fim claros. Quando um homem está cansado, uma rotina doméstica raramente é uma prioridade, como é para uma mulher. Mesmo que ele esteja cansado, um projeto com um ponto final definido, ou uma solução, lhe dará energia extra, principalmente se o tom de voz da mulher ou sua expressão facial ao fazer o pedido indicar que ela ficará grata pelo resultado de suas ações. Quando ele faz algo para ajudá-la em vez de fazê-lo por ela esperar que o faça, ou pensar que deve fazer, ele se sente mais próximo dela e mais disposto a ajudar no futuro. Essa disposição, baseada no fato de satisfazer muitas de suas pequenas solicitações, na verdade, dá a ele mais energia em casa para oferecer ainda mais apoio. Ele acabará se acostumando a ajudar cada vez mais.

---

Os homens tendem a trabalhar melhor
em projetos do que em rotinas.

---

## Expectativas realistas levam ao amor real

A maioria dos homens não está equipada para ser o parceiro doméstico comunicativo e romântico que as mulheres fantasiam. Embora alguns homens tentem preencher essa fantasia, no final, ambos os parceiros se tornam frustrados e decepcionados. Ele pode tentar durante anos; porém, a energia vai acabar. Alguns homens tentam, durante a época de namoro, depois desistem, pois não conseguem atender às expectativas da parceira. Quando esse é o caso, o homem subitamente perde o interesse e nem sabe por quê. Ele simplesmente não está tão interessado nela, não que ela não seja certa para ele, mas por estar tentando atender a expectativas não realistas. Sorte da mulher que é capaz de valorizar o que um homem pode oferecer, pois ela continua a receber cada vez mais.

> Um homem perde o interesse quando ele sente que não continua a preencher as expectativas da mulher.

Da mesma forma, a maioria das mulheres não está preparada para ser a parceira doméstica, comunicativa e romântica que os homens querem. É irreal que um homem espere que uma mulher crie um lindo lar sem ajuda e reconhecimento, eternamente de bom humor, sem jamais ser carente, estando sempre romanticamente disponível. Muitas mulheres tentam preencher essa fantasia, mas se sentem trapaceadas e traídas quando seus parceiros não retribuem seu amor.

Quando os homens começam a entender as novas necessidades de uma mulher, são naturalmente motivados a ajudar mais. Homens que fazem essa mudança precisam se assegurar de também tirar o tempo que precisam para si mesmos; do contrário, ambos acabarão sufocados e exaustos. Sorte do homem que é capaz de atender às suas próprias necessidades e depois às necessidades da mulher de ajuda com a casa, de comunicação e de romance constante, pois ele volta para casa para uma mulher feliz.

Felizmente, a realidade é muito mais maravilhosa do que a fantasia. Nós buscamos o amor real e, se tivermos as expectativas certas, podemos encontrá-lo. Juntos, podemos realizar pequenas mudanças, porém significativas, para apoiar um ao outro de forma mais eficaz. Ajustar, atualizar e corrigir nossas próprias expectativas pode nos libertar de nos sentir vitimados ou impotentes para obter o que precisamos.

Além disso, essas novas percepções sobre as diferenças nos ajudam a reconhecer e nos lembrar do problema real: o estresse crescente. Em vez de culpar nossos parceiros, podemos culpar o estresse. É um erro freqüente concluir que somos diferentes demais para fazer com que um relacionamento dê certo. A verdade é que o estresse pode criar um vácuo entre nós. Ao aprendermos a auxiliar a nós mesmos e aos nossos parceiros em momentos de grande estresse, as diferenças nunca são um problema. Quando o estresse é reduzido, as diferenças são uma grande fonte de realização.

---

*Quando o estresse se vai, nossas diferenças nunca são um problema.*

---

Homens e mulheres não reclamam de seus parceiros quando estão se sentindo bem. Problemas e exigências surgem quando estamos sob estresse. Nossas expectativas não realistas vêm à tona quando tentamos obter a ajuda de nossos parceiros para diminuir o estresse. Com um novo entendimento de como homens e mulheres experimentam e lidam com o estresse de formas distintas, podemos abordar o problema real dos relacionamentos de hoje.

O problema nunca é somente nosso parceiro, mas nossa própria inabilidade para lidar com o estresse. Quando aprendemos a lidar com o estresse de maneira mais eficaz e a ajudar o parceiro a fazer isso também, nosso apego às exigências irreais é facilmente deixado de lado. Somos então capazes de desfrutar dos sentimentos de aceitação, confiança e gratidão. Só então nosso relacionamento pode prosperar.

---

*O problema nunca é somente nosso parceiro, mas nossa própria inabilidade para lidar com o estresse.*

---

Se um homem fosse ceder à pressão das expectativas não realistas de uma mulher, ele poderia se tornar um parceiro doméstico; porém, dentro de alguns anos, todo o romance e a paixão teriam terminado.

Quando um homem fica mais parecido com uma mulher num relacionamento, ele inevitavelmente se torna oprimido, exausto e estressado.

---

Ceder às expectativas não realistas de uma mulher acabará deixando o homem exausto.

---

Essa reversão de papéis pode facilmente amortecer os sentimentos românticos. Se um homem se torna mais feminino, a atração que no começo ela sentia por ele se perde. Em vez de se tornarem mais sensíveis, os homens precisam ser mais sensíveis em relação às necessidades das mulheres. Isso é o que as mulheres realmente estão querendo de um homem. Certamente, um homem pode ser sensível; mas, para atender às necessidades dela, ele tem de compreender essas necessidades, não apenas as dele.

---

Em vez de se tornar mais sensível, os homens precisam se tornar mais sensíveis às necessidades das mulheres.

---

Quando um homem apresenta uma sensibilidade maior quanto às suas próprias carências e sentimentos, a mulher passa a experimentar sentimentos maternais, em vez de atração sexual. Em lugar de se sentir cuidada, sente seu instinto maternal para cuidar dele. Embora isso seja amoroso, não promove sentimentos românticos. Por outro lado, quando uma mulher apresenta sensibilidade com gratidão e confiança pelo apoio do homem, isso aumenta significativamente o interesse sexual dele por ela. A sensibilidade da mulher, que lhe possibilita desfrutar das pequenas coisas da vida, é um grande fator excitante para os homens.

---

A sensibilidade da mulher, que lhe possibilita desfrutar das pequenas coisas da vida, é um grande fator excitante para os homens.

Com novos *insights* quanto ao que as mulheres precisam, um homem pode ajudar a mulher a lidar com o estresse sem aumentar o seu próprio. Um homem pode dar o apoio doméstico, comunicativo e romântico que uma mulher precisa, mas de formas que funcionem também para ele. Sem passar a ser parecido com uma mulher, ele pode prover o apoio que ela precisa, mesmo quando não pareça do jeito que ela imaginou.

Uma mulher pode aprender maneiras de diminuir o estresse do parceiro, ao ajudá-lo a se sentir bem-sucedido em auxiliá-la. Embora o homem preze o apoio doméstico, a comunicação positiva e o romance, o mais importante para ele é sentir que está proporcionando à sua parceira um certo grau de realização. Em vez de pensar em formas diretas para apoiá-lo, ela pode, na verdade, fazer menos e simplesmente ser grata pelo que ele faz por ela. Isso funciona bem, pois as mulheres já estão fazendo demais. Não seria ótimo se uma mulher pudesse fazer menos e o homem se sentisse mais apoiado? Bem, é verdade. É um conceito tão novo para as mulheres que leva um tempo para assimilar.

Quando um homem age no sentido de apoiar as necessidades de uma mulher, ela se sente amparada e seu estresse diminui. Mas o oposto é verdadeiro em Marte. Quando uma mulher faz menos por ele e o deixa fazer mais por ela, o estresse dele diminui. O estresse do homem é reduzido quando ele se sente bem-sucedido em atender às necessidades dela. Em vez de dar mais a ele, ela só precisa ajudá-lo a ter êxito em atender suas necessidades.

---

Ao dar menos, a mulher pode, na verdade,
dar um apoio maior ao seu parceiro.

---

"Ajudá-lo a ajudá-la" como estratégia de sucesso parece muito estranho para a maioria das mulheres. Elas não imaginam estar repelindo o apoio dele, mas, de diversas maneiras, estão. Toda vez que ela reclama, sempre que faz exigências e se aborrece, sempre que deixa de pedir ajuda, ela pode estar transmitindo a mensagem de que ele não tem sucesso. Involuntariamente, está aumentando o estresse dele, em vez de diminuí-lo, e acaba rechaçando seu apoio.

Resumindo, "ajudá-lo a ajudá-la" envolve pedir a ele apoio, em vez de apenas esperar que ele dê, e requer que ela reconheça o quanto ela genuinamente preza o que receber. Isso é conseguido sentindo e sendo, não fazendo. A "reação sentida" dela em relação às ações dele é muito mais importante do que qualquer outra coisa que ela possa fazer por ele diretamente. Na verdade, ao ser grata pelo que está recebendo de seu relacionamento, ela o ajuda a ter êxito. Por outro lado, quando uma mulher enfoca o que não está recebendo, transmite a mensagem de que ele não tem sucesso e o estresse dele se eleva. Então, ele tem menos a dar. Ela está afastando o seu amor quando enfoca o que não está recebendo.

---

A reação de uma mulher às ações dele é muito mais importante do que qualquer outra coisa que ela possa fazer por ele diretamente.

---

Esse princípio simples pode produzir resultados imediatos em qualquer relacionamento. De infinitas maneiras, as mulheres deixam de reconhecer o desejo sincero do homem de prover seu apoio, da mesma forma como há incontáveis formas de um homem reagir às necessidades dela para lhe proporcionar uma realização maior. Encontrar meios autênticos de transmitir ao homem que seu empenho é estimado não envolve a noção antiga de sacrificar as necessidades dela para evitar exigir qualquer coisa dele. Ao contrário, é preciso uma responsabilidade bem maior para atender suas próprias carências e aprender a pedir a um homem o apoio de formas ponderadas que sejam realistas e razoáveis.

Mesmo quando uma mulher tira um tempo para si mesma, ela pode ajudar o homem a se sentir bem-sucedido no relacionamento. Quando ela está feliz, ele sempre terá crédito e se sentirá melhor. Sem esse *insight*, a mulher nunca achará que ter tempo para ela pode realmente ajudar seu parceiro. Quando os homens tiram um tempo para eles próprios, as mulheres costumam se sentir negligenciadas. Por essa razão, uma mulher pode achar difícil acreditar que ter tempo para si mesma realmente ajude o homem a lhe dar mais. Entender nossas diferenças dá uma direção completamente nova a homens e mulheres; isso não somente faz aflorar o que cada um tem de melhor, como torna os relacionamentos muito mais fáceis.

## Por que as mulheres precisam dos homens

Hoje, receber o apoio integral de um homem não é tão simples como no passado. As mulheres de hoje ficam confusas quando se trata do papel que um homem pode ter em suas vidas. Ou ela precisa que ele seja mais como uma mulher, ou ela sente não precisar dele. Nenhuma das abordagens funciona. Sendo mais independentes e auto-suficientes, as mulheres modernas querem um homem para compartilhar suas vidas, mas na verdade não sentem necessidade de um. Elas querem um homem, mas precisar dele lhes dá arrepios. Quando, de fato, precisam dele, geralmente querem que ele seja alguém que não é, ou não pode ser.

No fim das contas, os homens querem ser necessários e são mais atraídos por uma mulher que preza o que ele tem a oferecer. Quando o homem é necessário, ele faz diferença. A mulher que consegue estimar o que o homem tem a oferecer automaticamente reduz o estresse em sua vida. As mulheres que claramente sentem a necessidade de um homem o atraem como abelhas no mel.

Mulheres muito bem-sucedidas e independentes geralmente permanecem sozinhas, pois não percebem por que precisam de um homem. Estatisticamente, quanto maior o êxito financeiro de uma mulher, menores são as chances de se casar, e maiores as possibilidades de se divorciar. A maioria desses divórcios parte da mulher. Essas estatísticas mudam conforme as mulheres aprendem a sentir sua necessidade por um homem e estimam o que ele tem a oferecer. Ter gratidão por alguém que você não julga necessário é algo desafiador. Quando a mulher não se abre para o homem dessa forma, está o afastando e aumentando o estresse em sua vida.

> Você só pode estimar o que tem quando sente
> uma necessidade genuína daquilo.

Mulheres independentes não precisam abrir mão de sua liberdade para sentir a necessidade de um homem. Você pode ser independente quanto a determinadas coisas e depender de seu parceiro para outras. Não precisa ser tudo ou nada. Algumas mulheres assistiram a suas mães negarem suas necessidades e se submeterem para agradar seus maridos. Juraram jamais permitir que isso lhes acontecesse. Ao buscarem uma vida completamente independente, também estão negando suas necessidades e seguindo os passos das mães. Para evitar a submissão em um relacionamento, elas negam, de vez, suas necessidades.

Para outras mulheres, o processo de sobreviver ou tentar progredir em suas carreiras as distrai do contato com seus sentimentos e com a necessidade de um relacionamento. Para prosperar em seu trabalho, elas precisam expressar seu lado mais independente e têm dificuldade em voltar ao seu lado feminino, que facilmente sente a falta de um homem. Essas mulheres costumam achar que precisam de um homem mais sensível, mas, na verdade, precisam entrar em contato com seu lado mais feminino.

Se ele é mais sensível, tal mulher pode imaginar que será mais seguro para que seu lado feminino venha a emergir. Ela tem fantasias de conversar com seu parceiro da forma como fala com uma amiga, ou um sábio mentor. Infelizmente, quando uma mulher tem um "homem mais sensível", isso não a ajuda a entrar em contato com seus próprios sentimentos. Quanto mais sensível é um homem, tanto mais as conversas se concentrarão nele e não nela. Um homem carente é um grande desestimulante para as mulheres. Depois de um tempo, ela nem quer mais falar com ele, pois terá de ouvir mais dos sentimentos ou discursos dele. Quando acha que precisa de um homem mais sensível e vulnerável, o que ela realmente precisa é expressar mais seu próprio lado vulnerável. O que realmente precisa é ser ouvida, o que todo homem pode aprender a fazer.

> Um homem carente é um grande desestimulante
> para as mulheres.

Outras mulheres, que são capazes de sentir suas necessidades, mas não entendem o quão diferentes são os homens, esperam que eles reajam da forma que uma mulher reagiria. Para essas mulheres, determinar o que desejam num relacionamento pode ser muito confuso. Já se foram os dias em que elas precisavam de um homem apenas para sobreviver e ter segurança.

Então, de que precisam as mulheres modernas? Quando faço essa pergunta, geralmente as mulheres solteiras não fazem a menor idéia. A princípio, elas nem querem admitir precisar de um homem. Preferem ter um parceiro. Querem compartilhar a vida com alguém, mas não precisam de um homem. Precisar de um homem faria essas mulheres se sentirem fracas, em vez de apenas femininas.

As mulheres precisam redescobrir o poder e a força de sua feminilidade. Mulheres não precisam ser como homens para ser poderosas e obter o que querem e precisam. Da mesma forma, os homens não precisam ser como mulheres para ser amorosos e incentivadores em seus relacionamentos.

> Muitas mulheres de sucesso rechaçam a idéia
> de que podem precisar de um homem.

Precisar de um parceiro não é fraqueza. É o motivo pelo qual fazemos uma parceria. Homens e mulheres apenas têm necessidades básicas distintas. Os homens precisam se sentir necessários e as mulheres têm de sentir que não estão sós. Da mesma forma que uma mulher é mais feliz quando sente que está obtendo o que precisa de seu parceiro, um homem é mais feliz quando se sente bem-sucedido ao atender às necessidades de sua parceira. Essa é uma distinção importante. Nós certamente precisamos uns dos outros, mas por motivos diferentes.

---
Os homens precisam se sentir necessários
e as mulheres têm de sentir que não estão sós.
---

Sentir que faz a diferença reduz o estresse do homem. É o que dá ao homem um motivo para viver. Por outro lado, sentir que não está sozinha e que pode obter o que precisa reduz o estresse da mulher. Quando uma mulher sente que pode se abrir e depender de alguém, o estresse de sua vida diminui imensamente. Quando uma mulher não consegue reconhecer suas necessidades ou as ter atendidas, começa a sentir um estresse progressivo e se pergunta por que não consegue dormir bem à noite.

Mulheres independentes e bem-sucedidas freqüentemente me perguntam por que seus maridos são tão cansados. Com esse novo *insight*, isso se torna claro. Se elas não têm consciência de necessitarem deles, então, eles não são fortalecidos por seu amor e gratidão. Em vez disso, tornam-se exaustos na presença delas.

Quando uma mulher aprende a sentir seu lado feminino e identificar suas verdadeiras necessidades por um homem, sua estima pode fazer aflorar o melhor em seu parceiro. Em vez de se tornar cansado ao interagir com ela, ele é fortalecido.

Muitas mulheres de hoje estão sob tanto estresse que são simplesmente incapazes de sentir suas necessidades. Sob estresse, as mulheres tendem a sentir a necessidade dos outros, em vez das suas próprias. Com um pouquinho de tempo e pesquisa, essas mulheres fortes e independentes descobrem e admitem inúmeras necessidades, dentre as quais as mais comuns são:

- ❖ Ela precisa de um homem para companhia romântica.
- ❖ Ela precisa de um homem para ser fiel.
- ❖ Ela precisa de um homem simplesmente para ter companhia. Ela não quer voltar para uma casa grande, linda e vazia.
- ❖ Ela precisa de um homem para um respaldo financeiro, alguém que possa apoiá-la, se ela não trabalhar.
- ❖ Ela precisa de um homem por perto para se sentir mais segura. Duas pessoas são duas vezes melhor que uma.

- Ela precisa de um parceiro com quem compartilhar momentos de diversão.
- Ela precisa de um parceiro com quem compartilhar seu bem-estar e que se preocupe com isso.
- Ela precisa de um parceiro que sinta sua falta quando ela estiver longe.
- Ela precisa de um parceiro para ajudá-la a cuidar da família, caso tenha filhos.
- Ela precisa de um parceiro, caso não queira ter filhos sozinha.
- Ela precisa de um parceiro para ter uma família.
- Ela precisa de um parceiro para dividir as responsabilidades de cuidar do lar.
- Ela precisa de um parceiro para consertar as coisas, quando algo quebra. Ela não quer mais cuidar de seu próprio encanamento.
- Ela precisa do apoio de um parceiro para se sentir realmente ótima.

A verdade é que as mulheres de hoje precisam mais dos homens do que nunca. Elas simplesmente precisam dos homens de formas diferentes. Os homens podem prover um apoio especial, que ajuda a mulher a lidar com o novo estresse da vida moderna; porém, a maioria das mulheres não sabe como obter esse apoio, nem a prezá-lo apropriadamente, quando disponível. Com uma consciência maior de suas necessidades, a mulher pode aprender a ser grata pelo que está recebendo e enfocar menos o que não está obtendo. Com uma visão mais realista do que é possível, em vez da fantasia hollywoodiana de um homem que preencha cada um de seus desejos, ela é mais capaz de apreciar o empenho dele e não subestimar todas as coisas que seu parceiro já provê.

Quando ela aprende a valorizar o que um homem já oferece, a mulher detém a chave para pedir o apoio que precisa e merece, em um número maior de pequenas coisas. Isso não é apenas a fórmula do sucesso, mas também é o sentido do amor real.

Eu me lembro de quando essa idéia se tornou muito clara para mim com uns seis anos de casado com minha esposa, Bonnie. Depois de fazermos um amor maravilhoso, eu comentei: "Isso foi bom como no começo."

Sua resposta me ensinou algo importante. Ela disse que fazer amor naquela noite foi, na verdade, melhor que no começo, pois, segundo ela: "No começo, nós não nos conhecíamos de verdade. Agora, você já viu o que tenho de melhor e de pior e ainda me adora. Isso é amor real."

Bonnie me ajudou a ter uma compreensão mais rica do amor duradouro. O amor não é uma fantasia de perfeição na qual cada uma de nossas necessidades é preenchida. É compartilhar a vida juntos, lutando para atender às necessidades mútuas da melhor forma possível. Perdoar nossos parceiros por seus erros e aceitar seus limites pode ser tão satisfatório quanto prezar suas dádivas e seus êxitos. Da mesma forma como era difícil para ela viver com um homem que nem sempre atendia a suas expectativas, para mim, era um desafio aceitar que eu não podia prover todas as fantasias que um relacionamento perfeito incluía.

Assim como as mulheres precisam abrir mão da expectativa de que os homens sejam perfeitos, os homens precisam abrir mão de esperar que as mulheres nos achem perfeitos. Juntos, nós aprendemos que nossas vidas não têm de ser perfeitas para que tenhamos uma ligação e nos apoiemos mutuamente. O amor real não exige perfeição, mas, na verdade, abraça a imperfeição. Compartilhar esse tipo de amor enriquece todos os aspectos de nossas vidas e traz uma realização crescente.

---

O amor real não exige perfeição, mas,
na verdade, abraça a imperfeição.

---

Relacionamentos íntimos e realmente amorosos tecem uma vida realizada. As exigências implacáveis de nossas vidas para termos mais, seguirmos mais rápido e nos sairmos melhor podem nos desviar dessa verdade simples. As mudanças sociais que expandiram nossa liberdade também criaram uma nova necessidade de novos meios de manter a harmonia em nossos relacionamentos mais íntimos. Nas páginas seguintes, você irá receber um novo *insight*, que permitirá que você e seu parceiro se entrosem harmoniosamente, com calma, amor e realização mútua.

CAPÍTULO 2

# CONDICIONADO PARA SER DIFERENTE

O primeiro passo para entender e aceitar nossas diferenças é reconhecer que homens e mulheres, na verdade, são condicionados para ser diferentes. A forma como nossos cérebros são estruturados não é a mesma. Embora algumas de nossas diferenças resultem do condicionamento social ou de nossos pais, explicaremos como e por que somos biologicamente distintos.

Reconhecer essas diferenças condicionadas dos sexos nos ajuda a identificar as expectativas não realistas de que nossos parceiros sejam como nós e a nos livrar delas, aceitando que não somos iguais. A princípio, essas diferenças podem parecer um obstáculo; porém, quando você compreende inteiramente a biologia, fica claro que nós nos completamos perfeitamente. Na verdade, é como se os homens e as mulheres fossem feitos uns para os outros.

Se não conseguimos encontrar uma forma de abraçar as diferenças e chegar ao equilíbrio, fica difícil manter um relacionamento. Muitos casais não chegam a desenvolver seus relacionamentos além do namoro. Outros assumem um compromisso, mas, com o passar do tempo, as diferenças corroem a intimidade e eles se separam. Nesses casos, ambos acreditam que não houve uma base comum para fazer o relacionamento dar certo. Embora às vezes os casais não sejam compatíveis, geralmente o problema é decorrente da falta de entendimento das diferenças. Aqui estão algumas expressões de como nos sentimos quando não compreendemos nossas diferenças:

| ELA DIZ: | ELE DIZ: |
|---|---|
| "Ele era simplesmente teimoso demais para mudar." | "Ela costumava gostar de tudo que eu fazia, mas, aos poucos, queria me modificar." |
| "Ele era tão egocêntrico. Nem se interessava pela minha vida, ou por meus sentimentos." | "Ela era carente demais. Tudo era sobre ela." |
| "Ele se tornou tão frio e distante. Eu não me sentia segura para me abrir com ele." | "Tudo girava em torno dos sentimentos dela. Eu me sentia totalmente controlado." |
| "Eu era a número um; mas, assim que ele ficou comigo, o trabalho se tornou sua prioridade número um." | "Gradualmente, as crianças passaram a ser mais importantes do que eu." |
| "Ele nunca escuta o que eu falo. Tudo o que quer é resolver os meus problemas." | "Ela fica toda emotiva, depois não faz o menor sentido." |
| "Ele tinha medo de intimidade. Sempre que nos aproximávamos, ele se afastava." | "Ela correspondia tanto, no início. Agora eu me sinto como se tivesse que preencher um formulário antes de fazermos sexo." |
| "Tudo começou bem, depois mudou." | "Ela era exigente demais. Qualquer coisa que eu fizesse nunca era o bastante. Sempre havia alguma coisa que eu fazia errado." |

Se você leu meus livros anteriores, sabe que a causa originária dessas reclamações é a falta de entendimento e aceitação de nossas diferenças básicas. Certamente são reclamações legítimas, mas surgem porque nós deixamos de levar em conta nossas diferenças.

Se algum dia você disse, sentiu ou ouviu seu parceiro expressar uma das reclamações acima, sua resistência às diferenças naturais pode ser a raiz de muitos de seus conflitos. Quando seu parceiro está lidando com o estresse e você resiste às necessidades dele em vez de apoiá-las, evoca o pior da personalidade dele. Se você é solteiro, esse *insight* pode deixá-lo ciente de que afastou um parceiro potencial, ou que seu comportamento pode ter sido mal interpretado pelo outro. Sendo casado ou solteiro, um novo entendimento e a aceitação de como devemos ser diferentes poderá fazer aflorar o melhor em seu parceiro e também em você mesmo.

Parceiros casados, com bons relacionamentos, geralmente relatam que pararam de tentar mudar um ao outro. No entanto, a aceitação de nossas diferenças não significa aceitar qualquer comportamento negativo. Em vez disso, uma aceitação amorosa fornece o alicerce a partir do qual podemos trabalhar com nossas diferenças de modo que ambos os parceiros tenham o que mais precisam. Aceitar nossas diferenças nem sempre é fácil, principalmente quando estamos sob estresse, mas o aconselhamento nessas páginas pode ajudar a abrandar o caminho.

### Reações radicalmente diferentes para o estresse

As reações ao estresse são muito diferentes em Marte e em Vênus. Os homens tendem a mudar de marcha, afastar-se e esquecer seus problemas, enquanto as mulheres são compelidas a estabelecer uma ligação, fazer perguntas e compartilhar os problemas. Essa simples distinção pode ser extremamente destrutiva num relacionamento, se não for valorizada e respeitada.

Quando um homem precisa de tempo sozinho, ou não quer falar sobre seu dia, isso não significa que ele se importe menos com sua parceira. Quando uma mulher quer falar sobre seu dia, isso não quer dizer que ela seja excessivamente carente ou exigente. O jeito desprendido dele não significa que não se importe, e as reações emocionais fortes dela não querem dizer que não seja grata por tudo o que ele faz para provê-la.

---

Se um homem esquece as carências de uma mulher e ela se lembra dos erros dele, isso não significa que eles não se amem.

---

Ao compreender nossas diferenças, nós podemos interpretar corretamente o comportamento e os sentimentos de nossos parceiros, do que mais precisam, e isso, inevitavelmente, trará à tona seu melhor lado. Em vez de vermos nossas reações distintas quanto ao estresse como um problema, nós precisamos reconhecer que nossas tentativas para mudar nossos parceiros geralmente são o verdadeiro problema.

---

Em vez de vermos nossas reações distintas quanto ao estresse como um problema, nós precisamos reconhecer que nossas tentativas para mudar nossos parceiros geralmente são o verdadeiro problema.

---

Compreender as razões biológicas para as maneiras diferentes como percebemos o mundo e nos comportamos nos habilita a sermos realistas quanto ao que esperar de nossos parceiros.

## Habilidades são diferentes para Marte e Vênus

Como você já percebeu, na vida cotidiana, homens e mulheres se comportam, pensam, sentem e reagem de formas diferentes. É óbvio que os homens e as mulheres não processam a linguagem, a emoção e a informação da mesma maneira. Mas agora nós temos um meio de dar sentido a essa diferença. Embora os casais com um relacionamento feliz já tenham calculado isso, finalmente a comunidade acadêmica e científica verificou nossas tendências diferentes relacionadas a cada sexo.

Edward O. Wilson, um sociobiólogo famoso da Universidade de Harvard, vem observando, sistematicamente, as tendências dos sexos. Ele descobriu que as mulheres têm mais empatia e buscam mais a segurança do que os homens, e também possuem mais habilidades verbais e sociais. Em comparação, os homens tendem a ser mais independentes, agressivos e dominantes, e demonstram maiores habilidades espaciais e matemáticas.

Em termos práticos, isso significa que situações que poderiam ser resolvidas de forma simples se tornam muito tediosas e cansativas quando não entendemos e aceitamos nossas diferenças. Por exemplo, quando você discute a forma como irá investir suas economias, um homem geralmente correrá um risco maior e uma mulher será mais conservadora. A forma como somos criados certamente fará grande diferença, mas, de maneira geral, os homens se sentem mais confortáveis correndo riscos, enquanto as mulheres priorizam a segurança. Com entendimento dessa diferença, um homem não precisa levar para o lado pessoal quando ela faz mais perguntas. Ela não está necessariamente desconfiando dele, mas buscando preencher sua maior necessidade de segurança. Quando ele é mais impulsivo e quer encontrar soluções imediatas, ela pode perceber que isso é natureza dele, em vez de interpretar mal, achando que ele não se importa com a forma como ela se sente, ou com o que ela quer, ou do que precisa.

Estudos confirmam que há diferenças reais na maneira como homens e mulheres estimam o tempo, julgam a velocidade, praticam a matemática, orientam a si mesmos espacialmente e visualizam objetos em 3-D. Homens tendem a se distinguir nessas habilidades. As mulheres têm mais desenvolvidas as habilidades para o relacionamento, a sensibilidade quanto às emoções alheias, a expressão emocional e estética, a gratidão e habilidades lingüísticas. As mulheres são adeptas da realização de tarefas detalhadas e planejadas.

Sem uma compreensão dessa última diferença, uma mulher pode se sentir negligenciada quando um homem espera até o último minuto para planejar um momento com ela, ou quando ele não antevê suas necessidades. Se a mulher entende essas diferenças, ela já não se ressente em pedir ajuda, pois percebe que o cérebro dele simplesmente não funciona da mesma forma que o dela. Se acontece de seu parceiro fazer algo sem que ela tenha de pedir, ela ficará grata pelo empenho a mais que ele está fazendo, em vez de subestimá-lo.

Os cérebros das mulheres são formulados para considerar e prever as emoções, as sensibilidades e as necessidades de outrem. Os homens, por outro lado, são mais cientes de suas próprias carências, ou, pelo menos, de suas necessidades de alcançar um objetivo. Como os homens são caçadores há milhares de anos, eles precisavam dessa habilidade para se proteger na natureza selvagem. No território do lar, o seguro de vida de uma mulher era garantir que estivesse cuidando de outros. Se assim fizesse, cuidariam dela quando ela precisasse.

Quando você escreve seu testamento, tem a oportunidade de doar os órgãos de seu corpo para ajudar as pessoas depois de sua morte. Diante dessa opção, nove entre dez mulheres doam seus órgãos, enquanto nove entre dez homens não o fazem. Por natureza, a mulher tende a ser mais altruísta, até depois de sua morte. O maior desafio de uma mulher é aprender a lidar com o estresse de forma mais eficaz, para começar a cuidar de si como faz com os outros.

> O maior desafio de uma mulher é aprender a lidar com o estresse de forma mais eficaz, para começar a cuidar de si como faz com os outros.

## Por que nossos cérebros se desenvolvem diferentemente

Nossos cérebros podem ter se desenvolvido da forma como foi porque os homens e as mulheres das cavernas tinham papéis muito bem definidos para garantirem a sobrevivência. Nossos ancestrais masculinos caçavam e precisavam viajar longas distâncias para buscar sua presa. Fortes habilidades de localização permitiram que os homens se tornassem melhores caçadores e provedores. O homem dependia de si mesmo para encontrar o caminho para casa. Naqueles dias, pedir informação nem sempre era uma opção.

Nossas ancestrais femininas cultivavam a comida próximo de casa e cuidavam das crianças. Formavam laços emocionais fortes com seus filhos e outras mulheres, de quem dependiam quando os homens estavam caçando. As mulheres saíam em busca de frutos e de nozes para sua sobrevivência. Talvez por isso é que hoje elas tenham a habilidade de encontrar as coisas em casa e na geladeira, quando seus parceiros parecem incapazes de ver.

Os cientistas especulam que a vantagem nas habilidades verbais da mulher pode resultar de seu tamanho físico. Os homens tinham força física para lutar com outros homens. Em vez disso, as mulheres usavam a linguagem para discutir e persuadir. As mulheres também usavam a língua porque podiam. Quando um homem estava em perigo, ele precisava ficar quieto na maior parte do tempo. Até hoje, diante do estresse, o homem freqüentemente fica quieto. Como resultado, os homens vão para suas cavernas para se recuperar do estresse, enquanto as mulheres se adaptaram ao aprenderem a falar sobre seu estresse. Ao deixar que outros saibam de seus problemas, ela torna mais fácil obter ajuda. Caso não falasse, os outros simplesmente não saberiam de sua necessidade.

Nossos cérebros se desenvolveram com diferenças relativas aos sexos para garantir nossa sobrevivência. Essas adaptações levaram milhares de anos para ocorrer. Não seria realista esperar que nossos cérebros mudassem subitamente para adaptar às vastas mudanças em nossos papéis relativos a cada sexo durante os últimos cinqüenta anos. Essas mudanças estão na essência do estresse que causa a colisão entre Marte e Vênus. Se quisermos prosperar e não apenas sobreviver, precisamos atualizar nossas habilidades de relacionamento de maneira que reflitam nossas aptidões, tendências e necessidades.

Os progressos decorrentes de pesquisas neurocientíficas permitiram que os cientistas descobrissem diferenças neuropsicológicas e anatômicas significativas entre os cérebros masculinos e femininos que explicam nossas distinções comportamentais notórias.

## Foco exclusivo de Marte/Multifunção de Vênus

O cérebro de uma mulher tem um conjunto de nervos maior que conecta os hemisférios direito e esquerdo do cérebro. Essa ligação, que produz uma comunicação cruzada entre os hemisférios, é 25% menor nos homens. Em termos práticos, isso significa que os homens não conectam os sentimentos e os pensamentos com a mesma prontidão que as mulheres. Dando um sentido bem real, as mulheres possuem supervias ligando seus sentimentos à fala, enquanto homens têm estradas paralelas e cheias de sinais. Alguns pesquisadores acreditam que a integração dos dois lóbulos pode ser a fonte da "intuição feminina", em outras palavras, o processamento do cérebro como um todo.

Essa ligação mais forte entre as diferentes partes do cérebro aumenta a habilidade da mulher para tarefas múltiplas. Quando ela está ouvindo, também está pensando, lembrando, sentindo e planejando, ao mesmo tempo.

---

O cérebro do homem tem um foco único, enquanto o da mulher tende à multifunção.

---

O cérebro do homem é altamente especializado, trabalhando parte de um hemisfério para realizar uma tarefa. O cérebro da mulher é mais difuso, trabalhando ambos os hemisférios para muitas tarefas. Essa diferença neurológica permite aos homens focar e bloquear as distrações por longos períodos de tempo. Por outro lado, as mulheres tendem a ver as coisas num contexto mais abrangente, de um ponto de vantagem maior.

Os homens tendem a fazer uma coisa de cada vez em seus cérebros e na vida. Quando o homem está sob estresse, ele pode facilmente esquecer sua parceira e as necessidades dela. Pode estar focando a forma de conseguir aquela promoção e se esquece de levar leite para casa. Uma mulher pode facilmente interpretar mal esse comportamento, como negligente. Depois de entender mal esse comportamento, torna-se ainda mais difícil para ela pedir mais ajuda.

Essa percepção pode ajudar a mulher a não levar as coisas para o lado pessoal quando ele está em seu computador e parece irritado se ela faz uma pergunta. Para ela, é uma tarefa simples desviar sua atenção ao ser interrompida; porém, para ele, isso é muito mais difícil. Se ele parecer irritado, ela pode lembrar que, para ele, aquilo é mais difícil e assumir outra postura, em vez de levar a mal.

Da mesma forma, as mulheres ficam irritadas quando um homem tenta restringir o foco da conversa a um ponto exclusivo. Ele pode interrompê-la e pedir que vá direto ao assunto, ou perguntar o que quer que ele faça, quando ela ainda estiver ligando todos os pontos dos quais está falando. É muito comum que os homens digam: "Entendi", mas a mulher ouve que ele quer que ela acabe de falar.

Ele sente que ela não precisa continuar porque ele entende. Como ela ainda está no processo de descobrir o que quer dizer, sente que ele não compreendeu inteiramente. Não há apenas um ponto quando ela está se expressando. Ao levar mais tempo ouvindo seus inúmeros detalhes, o homem ajuda sua parceira a voltar a uma perspectiva mais centrada e livre do estresse.

Da mesma forma, quando uma mulher minimiza as interrupções das atividades focadas de um homem, ela o ajuda a manter seu nível de estresse baixo. Deixar o homem em paz e ignorá-lo, às vezes, pode ser a melhor forma de apoiá-lo. Entender que essas tendências são baseadas nas diferenças de nossos cérebros nos livra de levar as coisas para o lado pessoal e revela formas práticas para ajudar nossos parceiros a lidar melhor com o estresse.

> Deixar o homem em paz e ignorá-lo, às vezes,
> pode ser a melhor forma de apoiá-lo.

Os homens separam informações, emoções e percepções em compartimentos diferentes de seus cérebros, enquanto as mulheres tendem a ligar suas experiências, reagindo às questões múltiplas com o cérebro todo. Essa é uma das razões pelas quais a mulher tem uma tendência bem maior de se tornar oprimida com muita coisa a fazer, quando está sob estresse. Enquanto as mulheres tendem a assimilar mais informações, o homem sob estresse tende a focar o mais importante a fazer.

> Enquanto as mulheres tendem a assimilar mais informações,
> o homem sob estresse tende a focar o mais importante a fazer.

Essa diferença na estrutura cerebral de homens e mulheres tem outro efeito importante sobre o alívio do estresse. O homem tem maior facilidade para se desligar da parte esquerda e responsável de seu cérebro, permitindo-a descansar e se regenerar. Quando um homem está estressado, ele pode simplesmente mudar seu foco para um hobby ou assistir à televisão e já começa a relaxar. Ele muda do lado esquerdo do cérebro, que é o lado lógico, prático e baseado na realidade, para o lado direito, do sentimento, baseado nos riscos e na fantasia. Ao realizar essa mudança, ele automaticamente se desconecta do estresse e de suas responsabilidades. Assim, o homem pode mudar sua forma de operar e se desliga das preocupações diárias com maior facilidade.

A mulher não pode se dar a esse luxo, já que o tecido conectivo entre os dois hemisférios de seu cérebro não permite que ela se desligue tão facilmente. Quando está operando do lado direito do cérebro, tentando relaxar ou se divertir, ela ainda está ligada ao lado esquerdo, analítico e racional.

Numa observação prática, entender essa diferença ajuda os homens a reconhecer a futilidade de fazer, para uma mulher, comentários do tipo "Simplesmente esqueça", ou "Não se preocupe com isso". Ela não consegue fazer essa mudança da forma como o homem faz, mas pode conversar sobre o que a está incomodando. Em Marte, se um homem não consegue resolver um problema, sua forma de lidar com aquilo é esquecer a respeito até que possa fazer algo. Em Vênus, se uma mulher não pode resolver um problema, ela sente que "ao menos podemos conversar a respeito". Conversar com alguém que se importe com seu bem-estar tem o poder de estimular os neurotransmissores necessários para reduzir os níveis de estresse do cérebro da mulher. Ao se lembrar de seus problemas, a mulher pode, na verdade, se libertar da forma como eles se fixam nela e em seu humor.

## Massa branca *versus* massa cinzenta

Homens e mulheres possuem dois tipos diferentes de cérebros, igualmente elaborados para um comportamento inteligente. Os homens têm aproximadamente 6,5 vezes a quantidade de massa cinzenta que as mulheres possuem. As mulheres têm quase 10 vezes a quantidade de massa branca dos homens. Os centros de processamento de informação estão localizados na massa cinzenta. As conexões, ou rede de transmissão entre esses centros de processamento, são compostas por massa branca. Essas diferenças explicam por que os homens tendem a ser superiores em tarefas que envolvem o processamento local na massa cinzenta, como matemática, enquanto as mulheres se superam na integração e na assimilação de informações das regiões da massa cinzenta exigidas para habilidades lingüísticas, por sua abundância de massa branca conectora. Essa diferença física na composição do cérebro ajuda a explicar por que nos comunicamos de forma diferente. O cérebro de uma mulher se ocupa conectando tudo. Quanto mais ela se preocupa a respeito de algo, mais ela liga aquilo às outras coisas em processamento em seu cérebro.

Por exemplo: quando ela assiste a um filme ou visita uma amiga, pode ter muito a dizer sobre isso. Por outro lado, um cara pode não ter nada a dizer, a menos que o filme tenha algo específico de seu interesse. Ela presume que ele não quer falar do filme, mas, na verdade, ele tem pouco a dizer. Com esse novo *insight*, ela pode ficar tranqüila por ele estar interessado no que ela tem a dizer, mesmo que tenha pouco a retribuir. Quando uma mulher desiste de esperar que seu parceiro fale mais, ele não somente valoriza a vontade que ela tem de falar, como também passa a compartilhar mais.

> Quando um homem tem pouco a dizer, as mulheres geralmente levam isso para o lado pessoal, como se ele não quisesse compartilhar.

Essa mesma idéia se aplica quando se pergunta a um homem sobre seu dia, ou uma viagem que fez. Quando tem pouco a dizer, ele não está intencionalmente escondendo o que aconteceu; ele apenas não acha grande coisa e, conseqüentemente, não se lembra de muito. Ela tem a expectativa de explicar como tudo está ligado. O processo de comunicação, na verdade, ajuda seu cérebro a reduzir os níveis de estresse, enquanto traz pouco benefício para ele.

## Por que a conversa é importante em Vênus

Duas seções do cérebro, a área de Broca, no lobo frontal, e a área de Wernicke, no lobo temporal, são associadas à linguagem. Essas áreas são maiores nas mulheres, e isso explica por que elas são tão verbais. Os pesquisadores localizaram seis ou sete centros de linguagem em ambos os hemisférios do cérebro da mulher; porém, para os homens, a linguagem está localizada apenas no hemisfério esquerdo. Como os homens têm menos centros de linguagem, para ele não é apenas mais difícil expressar o que experimentam, mas também não sentem a necessidade disso.

Os centros de linguagem do homem são particularmente ativados quando ele está resolvendo um problema. Alguns homens falam mais no início do relacionamento, pois estão se apresentando e falando para "resolver o problema" de fazer com que ela saiba quem ele é e como se sente a seu respeito. Uma vez que o problema esteja resolvido, seus centros de linguagem não são tão facilmente acionados. Da mesma forma, seu centro de audição fica mais ativo quando ele está resolvendo um problema.

Os cérebros das mulheres são construídos para comunicar e expressar os sentimentos. Comparados aos cérebros dos homens, os das mulheres são muito mais movimentados, sempre articulando reações e percepções. Muitas partes de seu cérebro estão inteiramente engajadas quando ela está falando. Os homens têm mais dificuldade em conectar suas emoções com seus pensamentos e articular o que sentem. Essa diferença é a fonte de muitos atritos nos relacionamentos. O fato de compreender que o homem não está se retraindo quando está em silêncio pode libertar a mulher da frustração de tentar fazer seu parceiro falar sobre seu dia com mais detalhes.

Com a prática, o homem pode aprender a ser um bom ouvinte, que é, na verdade, uma das formas mais potentes de ajudar a mulher a baixar seus níveis de estresse. A mulher pode gostar quando o homem se abre e compartilha, mas, a menos que ela seja ouvida primeiro, isso não irá baixar seu nível de estresse. À medida que os homens se aprimoram como ouvintes das mulheres, e elas começam a prezar mais esse passo, os homens se tornam mais abertos e compartilham mais.

## Matemática *versus* sentimentos

O LPI (Lóbulo Parietal Inferior) é uma região de ambos os lados do cérebro localizada logo acima do nível dos ouvidos. O tamanho do LPI é correlato à habilidade matemática. Foi constatado um grande LPI no cérebro de Einstein, assim como em outros físicos e matemáticos. O LPI esquerdo, mais desenvolvido nos homens, está envolvido com a percepção do tempo e da velocidade, e a habilidade rotacional de figuras em 3-D. Essas habilidades têm muito a ver com o amor de Marte pelos jogos eletrônicos ou videogames. Mais de 90% dos usuários são de Marte.

Isso também é o motivo por que os homens parecem apressar as mulheres direto ao assunto quando estão falando ou tomando decisões. Ele fica atento com precisão ao tempo que ela leva para falar. Enquanto ouve, ele também está se empenhando para determinar o que precisa ser feito para resolver o problema dela, assim que possível. Isso não é porque ele não se importe com ela, mas porque se importa. Ele quer ajudar, mas não percebe que ajudaria ainda mais se fizesse algumas perguntas, em vez de se apressar, indo direto ao assunto.

---

Quando uma mulher fala, o homem fica atento com precisão ao tempo que ela está utilizando e sente um ímpeto de ajudar a resolver seus problemas.

---

Nas mulheres, o lado direito do LPI é maior. O lado esquerdo do cérebro tem mais a ver com o sentido linear, o pensamento racional, enquanto o lado direito do cérebro é mais emocional, sentimental e intuitivo. Os homens são tipicamente atraídos a resolver problemas, enquanto as mulheres têm uma tendência para entender a dinâmica e os vários relacionamentos entre as diferentes partes de um problema.

As mulheres também podem se frustrar quando alguém está demorando muito para chegar ao ponto. Ao multiplicar essa frustração por dez, você tem o que o homem comum experimenta ao ouvir sua esposa reclamando sobre a lista de problemas de sua vida. Isso não significa que ela não possa compartilhar seus sentimentos, mas quer dizer, sim, que ela tem de fazê-lo de uma forma que também funcionará para ele. Nós vamos explorar essa arte no Capítulo 9.

O LPI também permite ao cérebro processar informações dos sentidos, principalmente em atenção seletiva, como quando a mulher consegue reagir ao choro de um bebê durante a noite. Estudos demonstraram que o LPI direito, dominante nas mulheres, está ligado à memória e à manipulação de relações espaciais. Também está ligado à percepção dos sentimentos, uma força propulsora de Vênus.

Enquanto os homens são particularmente bons em acompanhar uma bola a distância num campo de futebol, as mulheres são aptas à percepção de pequenas sutilezas de seus próprios sentimentos, ou dos outros. Um dos problemas que as mulheres têm é interpretar os sentimentos de um homem de maneira precisa. Por exemplo: ele aparenta estar frustrado e ela pensa que ele não está interessado no que ela está dizendo. Na verdade, ele está simplesmente tentando entender o sentido do que ela está falando para poder ajudar. Ela está correta ao notar sua frustração, mas sua interpretação pode estar totalmente despropositada.

## Nossos cérebros diferem na reação ao perigo

A amídala, uma estrutura em forma de amêndoa localizada na parte frontal de ambos os lados do cérebro, logo abaixo da superfície, determina a reação de nosso cérebro ao perigo. A amídala funciona de formas diferentes no homem e na mulher. O lado direito é mais ativo nos homens, com mais conexões com outras partes do cérebro, enquanto o lado esquerdo é mais ativo nas mulheres. No cérebro masculino, há mais ligações da amídala com o córtex visual, o que significa que os homens reagem mais ao estímulo visual do que as mulheres.

Isso explica por que os homens possuem uma tendência maior para olhar para outras mulheres. Os cérebros dos homens são simplesmente mais ativos nesse sentido. Quando um homem se vê diante de um desafio – e as mulheres definitivamente são um desafio para os homens –, seu córtex visual é ativado. Seu instinto para olhar para outras mulheres não é um sinal de que ele não ame sua parceira, mas uma manifestação do que estimula a energia de seu cérebro. Esse *insight* importante não é uma desculpa para um comportamento insensível. Quando um homem olha para outra mulher, ele também deve ser respeitoso com sua parceira e fazê-lo de forma breve, demonstrando mais atenção e afeição para sua parceira. Se eu olho por tempo demais, minha esposa simplesmente me dá uma cotovelada amistosa. Uma vez, ela disse: "Olhar, tudo bem, mas não precisa babar."

---

Olhar para outras mulheres é um instinto saudável do homem.

---

Esse tipo de comportamento transmite a mensagem certa para o homem. É um consentimento, mas também implica que ele leve em conta que, como marido, ficar encarando outra mulher por muito tempo pode constrangê-la. Por um lado, sua atitude demonstra o que gostaria que o homem fizesse; por outro, ela não rejeita nem o condena por sua tendência. É bom que ele se sinta atraído por mulheres. Por isso é atraído por sua esposa. Simplesmente pelo fato de reagir visualmente a outras mulheres, não significa que não seja atraído ou não ame a esposa. Se ele não se sente seguro ao ser atraído por outras mulheres na presença dela, sua atração por ela também diminuirá.

Adicionalmente, a amídala do cérebro de um homem está diretamente ligada ao centro de ação do cérebro. Isso tende a fazer os homens mais impacientes ou impulsivos quando têm problemas urgentes a resolver.

---

A amídala, que em parte determina nossas reações ao estresse e ao perigo, está diretamente ligada à parte visual e de ação do cérebro do homem.

---

No cérebro de uma mulher, a amídala esquerda, bem mais ativa, é conectada a outras regiões do cérebro, incluindo o hipotálamo, que recebe sinais dos sensores do próprio corpo, em vez de estímulos externos. A amídala de uma mulher é diretamente ligada às regiões de seu cérebro associadas à sensação, em vez da ação. Nas mulheres, a conexão do hemisfério esquerdo controla o ambiente interior do corpo, que acrescenta à sensibilidade da mulher aquilo que se passa dentro dela. Alguns pesquisadores acreditam que essa diferença se desenvolveu porque o corpo feminino tinha de lidar com estímulos de estresse internos, como a gravidez e o nascimento. No cérebro de um homem, as áreas que conectam a amídala reagem ao ambiente externo.

A diferença psicológica nos ajuda a compreender por que os homens ficam impacientes quando as mulheres falam sobre um problema e querem fazer algo a respeito. A amídala dele, aproximadamente duas vezes maior que a dela, está diretamente ligada à parte visual e de ação do cérebro, que está "buscando uma solução", ou algo a fazer. Ao contrário do que ocorre com o homem, a amídala de uma mulher está diretamente ligada a outras partes de seu cérebro, que são mais orientadas por sentimentos que por ações. Enquanto ele quer fazer algo, ela desejará explorar seus sentimentos a respeito do problema.

### Por que as mulheres nunca esquecem uma rixa

Os cérebros das mulheres são condicionados para sentir e se lembrar de emoções mais intensas do que os cérebros dos homens. O processo de experimentação da emoção e codificação dessa experiência pela memória é mais firmemente integrado ao cérebro da mulher, e suas reações neurais são mais integradas. Embora os cientistas ainda não tenham sido capazes de identificar as bases neurais para a diferença, estudos demonstraram que as mulheres tendem a ter lembranças mais fortes e vívidas de acontecimentos emocionais do que os homens. Comparadas aos homens, as mulheres podem se lembrar de mais coisas com maior rapidez. Suas lembranças são mais ricas e mais intensas. Sob estresse, a mente de uma mulher pode ser inundada por essas lembranças.

As emoções intensificam a memória da mulher.

Há uma explicação física para as mulheres se lembrarem de menosprezos, injustiças e brigas do passado. A amídala tem um papel-chave nas reações emocionais e na memória emocional. No passado, acreditava-se que a amídala era envolvida, primordialmente, com o medo e outras emoções negativas. Estudos recentes mostraram que a amídala reage à força ou à intensidade tanto de estímulos agradáveis quanto de desagradáveis. As conexões neurais dessa estrutura com o restante do cérebro possibilitam-na uma resposta rápida ao conteúdo sensorial recebido e influenciam as reações psicológicas e comportamentais.

A formação da memória ocorre na amídala esquerda nas mulheres e na amídala direita nos homens. Nas mulheres, as regiões do cérebro envolvidas em reações emocionais coincidem com as regiões que codificam a lembrança de uma experiência. Esses processos ocorrem em hemisférios diferentes nos homens. Pesquisadores sugerem que as conexões neurais entre os centros de memória e de emoções, nas mulheres, podem explicar por que a lembrança emocional de uma mulher é mais vívida e precisa do que a de um homem. Da mesma forma que uma mulher pode se lembrar de emoções negativas, quando seu nível de estresse cai, ela tem uma capacidade muito maior de lembrar todas as coisas boas que um homem fez. É esse traço que torna as mulheres tão atraentes para os homens. Enquanto ele facilmente se esquece de sua grandeza, as reações amorosas dela lembram-no que ele faz a diferença.

As mulheres que esperam que os homens expressem a mesma intensidade e precisão que elas têm, ao se tratar do relacionamento, ficarão decepcionadas. Uma vez que a mulher reconhece essa distinção, ela pode facilmente ajustar suas expectativas. Ela não está "baixando as expectativas"; simplesmente está ajustando-as ao que é realista. Por exemplo: uma mulher pode se lembrar claramente de um momento romântico e guardá-lo com muito carinho, e murchar por seu parceiro não se lembrar de algo que foi tão importante para ela. Em vez de ficar magoada ou zangada, ela deve entender que nossos cérebros são conectados de formas diferentes. Como eu já frisei, aceitar a realidade, mesmo que não esteja à altura de um roteiro romântico hollywoodiano, nos possibilita saber e experimentar a realização integral do amor real, um amor que não exige perfeição de nós, nem de nossos parceiros.

## Profundidade de sentimento

O sistema límbico, que inclui o hipotálamo, o hipocampo e a amídala, é o reduto da emoção e da motivação. A mulher tem um sistema límbico maior e mais profundo, que a deixa mais em contato com seus sentimentos. A crescente habilidade que a mulher possui para criar laços e se sentir ligada aos outros se localiza nessa parte do cérebro. Pesquisadores sugerem que um maior desenvolvimento dessa parte deixa a mulher mais suscetível à depressão. Por outro lado, quando apropriadamente estimulado por meio de um apoio amoroso e provido de nutrientes saudáveis, o cérebro da mulher é capaz de sentir um nível bem maior de realização do que o do homem. Por esta razão é que os homens são atraídos pelas mulheres. A imensa capacidade que a mulher possui para a alegria, o encanto e a realização é o combustível que faz com que o homem saiba que ele faz a diferença. Ao suprir o espírito dele dessa forma, ela também consegue encontrar uma paz maior no fundo de sua alma.

> A imensa capacidade que a mulher possui para a alegria, o encanto e a realização é o combustível que faz com que o homem saiba que ele faz a diferença.

Se nós formos prosperar e não apenas sobreviver, precisamos atualizar nossas habilidades de relacionamento de modo a refletirem nossas habilidades naturais, nossas tendências e necessidades.

## Criando harmonia

Esse rápido repasse em nossas diferenças cerebrais devem convencê-lo de que esperar que as mulheres sejam como os homens e vice-versa é contraproducente. Entender essas diferenças fundamentais em nossos condicionamentos deverá nos ajudar a interpretar o comportamento de nossos parceiros sob uma ótica mais positiva e nos libertar de expectativas não realistas de que eles pensem, sintam e ajam como nós. Ao compreender nossas diferenças, podemos começar, ainda hoje, a aplicar essas novas percepções e estratégias para nos apoiar mutuamente ao diminuirmos os níveis de estresse. A maneira mais eficaz de fazer isso é respeitar nossas diferenças, que são anatômicas e condicionadas por nossos cérebros. Em vez de entrar em conflito para tentar tirar mais de nossos parceiros, podemos focar na criação de harmonia ao conceder o que precisamos para que tenhamos mais a dar aos nossos parceiros.

> Ao focar em conceder o que precisamos, teremos mais a dar aos nossos parceiros.

Assim como os planetas não colidem ao assumirem seus cursos naturais ao redor do Sol, homens e mulheres não precisam colidir. O conflito termina quando descobrimos que até nossos cérebros são projetados para equilibrar homens e mulheres. A mulher quer ser feliz e seu homem quer fazê-la feliz. Quando ela está feliz, ambos estão felizes.

No próximo capítulo, vamos examinar as diferenças hormonais significativas entre homens e mulheres e como o estresse tira nosso equilíbrio químico. O resultado é que, em Marte, o estresse estimula a reação de brigar ou voar e, em Vênus, a reação é zelar e agir com amizade.

CAPÍTULO 3

# HORMÔNIOS DO ESTRESSE DE MARTE E VÊNUS

Estar apaixonado estimula uma cascata de hormônios que reduzem, temporariamente, o nível de estresse. Os hormônios são mensageiros químicos que agem como catalisadores de mudanças químicas celulares que afetam o crescimento, o desenvolvimento, a energia e o humor. Quando estamos apaixonados, nos sentimos no topo do mundo. Somos preenchidos com energia. Ficamos eufóricos. Estamos ardentes quanto ao nosso novo amor e, conseqüentemente, somos mais generosos ao aceitarmos nossas diferenças, sendo mais condescendentes. Nos primeiros estágios do amor, ficamos ávidos para atender as carências do parceiro. Cuidar de sua parceira aumenta hormônios específicos do homem, enquanto ser provida estimula hormônios diferentes na mulher. Quando esses hormônios são abundantes no início do relacionamento, o estresse, o clamor e a pressão de nossas vidas diárias se dissolvem ao fundo.

Quando a novidade do amor se esvai, a familiaridade e a rotina se instalam. Os hormônios do bem-estar começam a cair e o nível de estresse a aumentar. É como se o amor nos desse uns três anos de hormônios felizes de graça, mas, depois que termina o período de lua-de-mel, nós temos de conquistá-los. Precisamos administrar nossos próprios níveis de estresse enquanto interagimos com o outro.

## Adrenalina e cortisol: hormônios de alerta vermelho

Ao pensarmos sobre o estresse, imaginamos engarrafamentos no trânsito, contas a pagar, a tensão no local de trabalho, tarefas demais a fazer, prazos, ninguém a quem recorrer, crianças chorando – a lista é interminável. Essas certamente são algumas causas de nosso estresse diário, mas não é a isso que os pesquisadores se referem quando avaliam os níveis de estresse de nossos corpos. A produção de adrenalina e cortisol, hormônios secretados pela glândula adrenal, é a forma como nossos corpos reagem ao estresse externo. No nível físico, esses hormônios do estresse podem, gradualmente, esgotar nossos hormônios do bem-estar.

Se estamos em perigo, por exemplo, perseguidos por um urso, a glândula adrenal produz adrenalina (também conhecida como epinefrina), cortisol e outros hormônios, para nos dar uma carga temporária maior de energia e clareza mental. Para nossos antepassados, esses hormônios eram um mecanismo de sobrevivência em situações de perigo. Ou escapávamos, ou éramos comidos. Quando a adrenalina e o cortisol são liberados, uma energia extra é direcionada ao cérebro e aos músculos, aguçando nossos sentidos e aumentando nossa força e nossa resistência. Esse foco súbito redireciona, temporariamente, a energia de nossos outros sistemas, desacelerando a digestão e outras funções secundárias. Quando um urso o está perseguindo, seu corpo automaticamente se protege de ser digerido, em vez de digerir o almoço.

A adrenalina e o cortisol têm uma função vital em situações de vida ou morte, mas o corpo não está projetado para acomodar a liberação contínua de hormônios do estresse. Quando estamos sob um estresse impiedoso, mas que não seja risco de morte, esses hormônios são liberados e, com o passar do tempo, interrompem nossos sistemas digestivo e imunológico, resultando em menor energia e na suscetibilidade às doenças. Com um estresse de longo prazo, o cortisol e a adrenalina causam flutuações insalubres em nossos níveis de açúcar no sangue, que podem produzir mudanças temperamentais, depressão leve, uma sensação de impulsividade, irritabilidade, ansiedade e estresse, de maneira geral. Tudo isso pode afetar nossos relacionamentos. Esses são alguns exemplos comuns de como o estresse nos afeta e, conseqüentemente, afeta nossos relacionamentos:

1. A depressão leve inibe nossa paixão.
2. Um senso de impulsividade nos tira a paciência e a flexibilidade.
3. A sensação de irritabilidade, ansiedade ou pânico diminui enormemente nossa capacidade de sermos felizes.
4. A irritabilidade obscurece nossos sentimentos de afeição, gratidão e ternura.
5. A diminuição da energia delimita o quanto podemos dar de nós mesmos.
6. Com níveis instáveis de açúcar, nosso humor se torna apático ou oscilante.
7. Os homens perdem o interesse no relacionamento, enquanto as mulheres se sentem oprimidas, com coisas demais a fazer e pouco tempo ou apoio.

Quando nós entendemos os sintomas comuns do estresse crônico, podemos reconhecer por que tantos relacionamentos fracassam hoje em dia. Aprender como o estresse afeta nosso comportamento do dia-a-dia deve nos motivar a baixar nosso nível de estresse. Ao atualizarmos nossas habilidades de relacionamento, podemos levar nosso relacionamento a níveis mais baixos de estresse, em vez de torná-lo mais uma fonte dele.

## Outro efeito colateral danoso da elevação dos hormônios do estresse

Os cientistas encontraram uma ligação entre o cortisol e a obesidade e a alta armazenagem de gordura corporal. O estresse e o nível elevado de cortisol tendem a ocasionar depósitos de gordura na área abdominal, que são considerados gordura tóxica, pois aumenta a possibilidade de enfartes e ataques cardíacos.

Altos níveis de cortisol também podem levar a hábitos alimentares ruins. Ao estudar as disfunções alimentares, alguns pesquisadores descobriram que as mulheres com altos níveis de cortisol induzidos pelo estresse tinham mais tendência a beliscar comidas de alto teor de gordura ou carboidratos do que as mulheres que não secretam a mesma quantidade de cortisol. Essa nova pesquisa fornece uma percepção útil de como o estresse pode influir na avidez por comidas de uma dieta insalubre. Você já reparou que, quando está cansado ou estressado, busca carboidratos processados, como biscoitos, salgadinhos ou refrigerante? Isso se dá porque, sob estresse, o corpo tira sua energia dos carboidratos.

O cortisol estimula a liberação da insulina, que resulta no aumento do apetite. Esse ciclo terrível irá fazê-lo ganhar peso e pode, eventualmente, levar ao diabetes e a inúmeras outras doenças. Os efeitos dos altos níveis de cortisol deixam claro o quanto é importante uma dieta saudável quando você está sob estresse. Você pode achar que não tem tempo para comer ou preparar comidas saudáveis, mas manter bons hábitos é ainda mais importante quando você e sua família estão com a vida atribulada. Uma das formas para saber os tipos de comida que são bons para você é simplesmente observar os alimentos que você anseia quando está sob estresse. São exatamente essas as comidas que acabarão por fazê-lo se sentir pior e ganhar peso extra.

E, encaremos os fatos, não somente nos sentimos melhor quando estamos com um peso saudável, como também nos sentimos mais atraentes sem o peso extra. Quando você se sente atraente, seu parceiro se torna mais atraído por você.

Precisamos aprender a administrar nosso estresse de modo a envelhecermos juntos, ambos apaixonados e com boa saúde. Doenças do coração, câncer, diabetes e obesidade estão todos diretamente ligados aos níveis cronicamente altos de cortisol. Se aprendermos a baixar nossos níveis de estresse, não seremos apenas mais saudáveis, mas também despertaremos nosso potencial para o aumento de energia, paixão, paciência e felicidade.

Uma das grandes diferenças entre homens e mulheres é que, sob estresse, as mulheres produzem muito mais cortisol do que os homens.

Isso ajuda a explicar por que as mulheres têm mais problemas com o ganho de peso. Quando o nível de cortisol é elevado, queimamos apenas carboidratos e açúcares para liberar energia, em vez de uma combinação de carboidratos e gordura. Quando você não consegue queimar gordura de forma eficiente, além de ser mais difícil perder peso, você produz menos energia. Queimar gordura lhe dá vinte vezes mais energia do que queimar carboidrato. Pense nisso da seguinte forma: queimar gorduras nos dá a energia duradoura de toras queimando, enquanto os carboidratos só provêm uma rápida energia, como de gravetos.

Há outro efeito danoso decorrente do nível alto de cortisol no corpo da mulher. O derivado da queima de carboidratos é o ácido lácteo. Se o corpo da mulher está queimando carboidratos em lugar de gordura, seus níveis desse ácido sobem. Com o acúmulo excessivo de ácido láctico, o cálcio é retirado dos ossos para neutralizar esses ácidos. Isso ajuda a explicar por que 80% das pessoas que têm osteoporose são mulheres.

A cada ano, bilhões de dólares são gastos em antidepressivos para auxiliar homens e mulheres a lidar com o estresse. Felizmente, há meios naturais de reduzir o nível de estresse sem os efeitos colaterais perigosos das medicações. Eu passei a última década pesquisando esse assunto e desenvolvi uma variedade de formas para que tanto as mulheres quanto os homens possam lidar com a ansiedade e a depressão usando cardápios de alimentos purificadores, gorduras saudáveis e suplementos naturais. Para encontrar mais sobre o assunto, consulte minha página na internet: www.marsvenuswellness.com, ou meu último livro, *The Mars and Venus Diet and Exercise Solution*.

## Os hormônios são do céu

No início de um relacionamento, o homem ficará excitado e motivado pelo desafio de ganhar a afeição da mulher. O desafio estimula, automaticamente, a produção de testosterona, o hormônio de Marte que contribui para o senso masculino de força e bem-estar. Quando seu nível de testosterona está normal, ele é bombeado e se torna mais atraído e atencioso com sua parceira.

Conforme a rotina se instala e o desafio do relacionamento diminui, seu nível de testosterona cai. Quando isso acontece, termina a lua-de-mel e o homem busca novos estímulos para aumentar a testosterona. O trabalho fora de casa quase sempre proverá novos desafios para prender o interesse do homem e elevar seu nível de testosterona. A diminuição da paixão do homem ocorre em nível biológico à medida que ele muda de um relacionamento que o arrebatava para voltar o enfoque ao trabalho.

Similarmente, quando uma mulher passa a conhecer melhor o parceiro e se sente segura com ele, há um aumento na produção de oxitocina, conhecida como hormônio do aconchego. Da mesma forma que um homem reage ao nível de testosterona em seu corpo, a mulher experimenta mais energia, felicidade, flexibilidade e atração por seu parceiro quando seu nível de oxitocina sobe.

Com o passar do tempo, a realidade se apresenta e as expectativas dela nem sempre são satisfeitas, e ela já não acha que todas as suas carências serão atendidas. A diminuição da esperança, confiança e otimismo decorrente irá afetar seu nível de oxitocina. Sua rotina diária perde um pouco da mágica. Ela tenta trazer de volta a mágica ao se dedicar mais ao relacionamento, mas, quando suas tentativas não são retribuídas, acaba perdendo o viço, junto com a motivação para continuar investindo mais. O desapego dele e a forma progressiva como ela percebe a falta de ligação inevitavelmente irão acumular tensão no relacionamento. Um olhar mais atento à testosterona e à oxitocina explica como os homens e as mulheres respondem de formas diferentes ao estresse e o que você pode fazer para acomodar essas diferenças e alcançar a harmonia.

## O rei dos hormônios

A testosterona é o principal hormônio masculino sexual e uma das causas-chave das características sexuais determinantes no homem, incluindo o domínio, a força emocional e física, o formato corporal, cabelos e pêlos, a voz grossa, o odor e o desempenho sexual. O hormônio também tem um papel na agressividade e no ímpeto, na competitividade, na criatividade, no intelecto, na habilidade para formular e executar novas idéias. As mulheres também a produzem, mas os homens adultos produzem de vinte a trinta vezes mais testosterona do que as mulheres.

> Os homens adultos produzem de vinte a trinta vezes mais testosterona do que as mulheres.

A testosterona afeta a saúde geral ao longo da vida e ajuda a desenvolver músculos e ossos fortes. Ter o nível certo de testosterona ajuda os homens a lidar com o estresse. A testosterona pode aumentar significativamente com o estresse agudo e causar uma agressividade potencializada. Os pesquisadores descobriram que o estresse é crônico em muitas vidas hoje em dia. Isso faz os níveis de testosterona caírem brutalmente. A queda desses níveis de testosterona tem sido associada à síndrome masculina de impaciência, caracterizada por abstinência, irritabilidade e depressão. Um novo estudo verificou que os níveis de testosterona dos homens americanos vêm caindo firmemente nos últimos vinte anos.

> Os pesquisadores descobriram que os níveis de testosterona dos homens americanos vêm caindo firmemente nos últimos vinte anos.

Fatores como envelhecimento, tabagismo e obesidade não explicam o declínio por completo. Uma dieta rica em carne e aves pode contribuir para a tendência de queda, pois os hormônios usados na produção de carne agem como estrogênio no corpo. O estrogênio, hormônio sexual feminino, inibe a produção de testosterona. O álcool e os produtos de soja também têm um efeito negativo nos níveis de testosterona. A cerveja, por exemplo, contém estrogênios que podem reduzir os níveis de testosterona, um dos motivos pelos quais a embriaguez e o sexo não se misturam.

## Realização, gratidão e sucesso

Nos homens, os níveis normais de testosterona estão ligados ao sentimento de sucesso. Para se sentir bem num relacionamento, o homem precisa se sentir bem-sucedido ao promover a realização da parceira. As reações dela referentes a confiança, aceitação e gratidão não apenas nutrem sua alma, mas também neutralizam o efeito do estresse ao estimular um nível saudável de testosterona.

Um homem apaixonado é comumente tomado por idéias de como pode fazer sua parceira feliz. O desafio do relacionamento faz irromper sentimentos positivos, assim como um nível mais alto de testosterona. Quando o homem sente que pode obter o que quer, a produção de testosterona aumenta. Quando ele sente que não pode alcançar o que deseja, seu nível de estresse se eleva e o nível de testosterona diminui.

> No relacionamento, o sucesso ou a expectativa do sucesso dá o combustível para o aumento da testosterona do homem e mantém seu interesse por ela.

O fracasso ou a expectativa de fracasso em fazer sua parceira feliz gera estresse no homem e diminuiu a testosterona. Quanto mais bem-sucedido e habilitado um homem se sentir num relacionamento, mais aumentará seu nível de testosterona, e fazer coisas que estimulem a testosterona irá aumentar a confiança do homem. O efeito disso é em mão dupla. Quando um homem se sente bem-sucedido, sua energia e seu bem-estar aumentam porque seu nível de testosterona está normal. Quando ele acha que não faz diferença no relacionamento, sua energia e seu interesse caem junto com o nível de testosterona. É por isso que ser reconhecido e aceito são coisas muito importantes para o bem-estar de um homem.

> Ser grata e aceitar o que o homem faz, ou perdoar-lhe pelo que ele deixa de fazer, é a maior demonstração de apoio que uma mulher pode dar a um homem.

Quando um homem não se sente bem-sucedido no trabalho, ou se preocupa com problemas que nada pode fazer para resolver, seu nível de testosterona começa a cair, e ele irá passar por um baixo astral até que seu nível de testosterona volte a subir. Homens depressivos têm baixos níveis de testosterona.

---

Homens depressivos têm baixos níveis de testosterona.

---

Essa dinâmica é outra razão pela qual os homens freqüentemente recuam diante de um problema difícil e o esquecem por um tempo. Ao se engajar em outra atividade desafiadora, ele pode facilmente reconstruir a sua confiança e, conseqüentemente, restaurar seu nível de testosterona. Com essa confiança aumentada, ele pode regressar e resolver o problema anterior de forma mais efetiva.

---

Mudar de um problema para outro problema mais fácil de resolver pode ajudar o homem a reerguer seu nível de testosterona.

---

O ambiente de trabalho convencional, dominado pelo homem, fornece uma abundância de atividades, desafios, regras e situações que podem estimular a produção da testosterona. Essas situações incluem:

- ❖ O estabelecimento de metas
- ❖ Competição
- ❖ A resolução de problemas
- ❖ Responsabilidade final
- ❖ Risco
- ❖ Perigo
- ❖ Domínio
- ❖ Sucesso
- ❖ Eficiência
- ❖ Avidez

- Dinheiro
- Resultados
- Projetos
- Ponto decisivo
- Poder

Se um homem se sente confiante de suas habilidades, esse tipo de situação irá estimular a produção de testosterona e excitá-lo, reduzindo os efeitos de esgotamento do estresse. Essas mesmas situações podem ser uma fonte de depressão se ele não tiver confiança. Desenvolver e manter a confiança, determinando a diferença entre o sucesso e o fracasso, entusiasmo e depressão, é um dos maiores desafios na vida de um homem. Na verdade, em Marte, não há fracassados, mas apenas desistentes que perdem a confiança. Com níveis de testosterona mais baixos, a confiança de um homem será fraca.

## Fazendo testosterona em casa

Em todos os homens os níveis de testosterona caem ao longo do dia. Há um ciclo natural com pico na manhã. Durante o dia de trabalho, o homem está gastando sua testosterona. Quando o estresse de seu dia termina, seu corpo precisa relaxar para se recuperar. Essa mudança geralmente se inicia quando o sol se põe. Em processo de recuperação, ele está livre de sua tendência a ser responsável; portanto, após um dia estressante de trabalho, os níveis de testosterona têm uma chance de acumular novamente. Um homem pode elevar seu nível de testosterona ao tirar um cochilo ou fazendo coisas simples, atividades de entretenimento, como assistir à televisão ou ler um jornal.

*Quando termina seu dia de trabalho, um interruptor é desligado no cérebro e ele entra num modo de funcionamento passivo, mais relaxado.*

Se um homem não tira esse tempo para se recuperar, o estresse diminui seus níveis de testosterona. Não somente seu ímpeto sexual cai, mas ele fica temperamental, rabugento, irritável ou passivo. As mulheres não compreendem essa necessidade, pois seu bem-estar não depende da reconstrução dos níveis de testosterona. Comumente, as mulheres acham que seus maridos são preguiçosos, quando, na verdade, eles têm uma necessidade biológica imperativa de descanso. Embora as mulheres produzam testosterona, em Vênus, o hormônio tem pouca relação com o estresse. Assim como a testosterona estimula a redução do estresse em homens, o hormônio oxitocina estimula a redução do estresse nas mulheres.

## Oxitocina, o hormônio do aconchego

A oxitocina, conhecida como o hormônio de ligação social, é produzida em grande quantidade durante o parto e a lactação, e durante o orgasmo, em ambos os sexos. Nas mulheres, o nível de oxitocina pode subir durante uma massagem e cair como reação a se sentir ignorada ou abandonada. O hormônio também afeta o reconhecimento e a ligação social, assim como a geração de confiança entre as pessoas. A oxitocina estimula um comportamento maternal nas mulheres e também a excitação sexual. Reduz a pressão sangüínea, os níveis de cortisol e o medo. Estudos mostraram que os animais e as pessoas com altos níveis de oxitocina são mais calmos, menos ansiosos e mais sociáveis.

Embora os homens tenham níveis semelhantes de oxitocina em suas correntes sangüíneas, as mulheres têm mais estrogênio, que potencializa os efeitos da oxitocina. Adicionalmente, nos homens, a testosterona neutraliza os efeitos calmantes da oxitocina. A forma como ela interage com o estrogênio e a testosterona está na raiz das diferenças das maneiras de homens e mulheres reagirem ao estresse.

Pesquisadores descobriram que a oxitocina diminui o estresse nas mulheres, mas não tem o mesmo efeito nos homens. Estimular oxitocina demais no homem pode, na verdade, diminuir os níveis de sua testosterona. Da mesma forma, testosterona demais nas mulheres pode diminuir a eficácia com que sua oxitocina reduz seus níveis de estresse.

> A oxitocina, hormônio do bem-estar de Vênus,
> é o hormônio do amor e do entrosamento.

A oxitocina causa uma sensação de apego. Seus níveis se elevam quando as mulheres se relacionam com alguém por meio da amizade, compartilhando, se importando e suprindo alguém, e caem quando a mulher sente falta de alguém ou passa por uma perda, ou rompimento, e se sente só, ignorada, rejeitada, sem apoio e insignificante. A mulher apaixonada tem altos níveis de oxitocina. Ela é tomada por pensamentos de dar mais de si mesma e compartilhar mais tempo com seu parceiro.

Para se sentir bem num relacionamento, a mulher precisa confiar em que o parceiro se importa com ela tanto quanto ela se importa com ele. Esse tipo de apoio afeta diretamente seus níveis de oxitocina, que, em compensação, irão diminuir seu estresse. As mensagens que ele envia de carinho, compreensão e respeito podem gerar confiança e acalentar sua alma, enquanto estimulam seus níveis de oxitocina.

A forma como ela interpreta o comportamento dele faz toda a diferença. Se ela interpreta seu comportamento como alguém que se importa com ela, seus níveis de oxitocina sobem, mas, se a interpretação é que ele é negligente, seus níveis de oxitocina caem.

> A oxitocina diminui quando a mulher se sente sozinha,
> ignorada, sem apoio, ou se acha que não faz diferença.

A confiança em seus relacionamentos e a expectativa de obter o que precisa, assim como ela atende às expectativas de seu parceiro, elevam os níveis de oxitocina da mulher. Essa expectativa positiva é revertida quando a mulher espera mais de um homem do que ele pode dar. Sua decepção restringe a produção de oxitocina.

> Confiança e expectativa de ter uma necessidade
> atendida é um potente produtor de oxitocina.

Esperar demais de seu parceiro também pode impedir que os níveis de oxitocina da mulher subam. Em vez de buscar outras fontes de apoio, ela espera que seu parceiro faça tudo. Ao esperar que seu parceiro seja a fonte principal de estímulo para produzir oxitocina, ela o está colocando numa posição de fracasso.

Há muitas formas de uma mulher elevar seus níveis de oxitocina sem depender do homem. Os níveis de oxitocina se elevam na mulher quando ela está ajudando alguém, por ela se importar com aquela pessoa, não por estar sendo paga ou por ser seu trabalho. Quando começam a sentir que não estão recebendo o suficiente em seus relacionamentos, as mulheres tendem a se dar sob condições. Elas se dão, mas ficam preocupadas com o que estão recebendo, ou se não estão sendo retribuídas. Esse tipo de doação condicionada ao resultado não estimula a mesma quantidade de oxitocina, pois tem traços de negatividade e raiva. A doação incondicional é uma poderosa geradora de oxitocina. Os níveis de oxitocina sobem quando cuidamos, compartilhamos e nos entendemos com nossas expectativas. Da mesma forma que a produção de oxitocina sobe quando estamos suprindo os outros, ela também é estimulada quando suprimos a nós mesmos.

No passado, a comunidade de mulheres trabalhando lado a lado enquanto criavam seus filhos e cuidavam umas das outras apresentava uma riqueza de atividades, boas maneiras e situações que estimulavam a produção de oxitocina.

Os potenciais estimulantes da oxitocina têm ênfase em:

❖ Compartilhamento
❖ Comunicação
❖ Segurança
❖ Limpeza
❖ Beleza
❖ Confiança
❖ Trabalho de equipe
❖ Afetividade
❖ Responsabilidade compartilhada
❖ Consistência

❖ Elogios
❖ Afeição
❖ Virtude
❖ Suprimento
❖ Apoio
❖ Colaboração
❖ Empenhos coletivos
❖ Rotina, ritmo e regularidade

Em casa e em seus relacionamentos, o corpo da mulher produz oxitocina quando ela se sente livre para suprir a si mesma e aos outros. Quando ela se sente apressada, sufocada ou pressionada a fazer tudo, seus hormônios de redução do estresse são exauridos, e seus níveis de estresse aumentam.

Os níveis de oxitocina voltam a se acumular quando a mulher se sente vista, ouvida e novamente apoiada. Ao final do dia, a expectativa de um simples abraço, uma conversa, e alguma afeição podem fazer uma grande diferença para Vênus. Quando a mulher acha que não pode obter o que precisa em casa, seus sentimentos de ternura se dissipam e seus níveis de oxitocina caem.

## A hora mais estressante do dia da mulher

Participar de atividades que produzem testosterona no trabalho pode diminuir os níveis de oxitocina da mulher. Quando ela chega em casa sem fartura de oxitocina, seus papéis de parceira, mãe, amiga e supridora parecem esmagadores. Quando ela sente que precisa fazer mais, sem tempo ou energia suficientes, seu nível de estresse sobe. Sua experiência é bem diferente da do homem.

Quando o trabalho diário do homem termina, ele começa a relaxar. Se ele sente a pressão para fazer mais ao chegar em casa, sua tendência para relaxar é impedida. Com mais responsabilidades e menos tempo para recuperar seus níveis de testosterona, ele tem cada vez menos energia. Em vez de voltar para casa para um santuário de amor e apoio, tanto o homem quanto a mulher de hoje são confrontados com um novo estresse. As mulheres precisam de mais tempo e apoio de seus parceiros e os homens estão ficando sem energia. Conseqüentemente, ambos têm menos a dar.

As mulheres que estão pensando em se divorciar costumam dizer: "Eu dou, e dou, e não recebo nada do que preciso. Ele simplesmente não se importa e eu já não tenho mais nada a dar."

Quando a mulher sente que seu parceiro não se importa com suas necessidades, ela se torna cada vez mais insatisfeita e se ressente por dar mais do que recebe. Ela ainda pode amar o parceiro, mas está querendo terminar o relacionamento, pois sente que já não tem mais nada a dar.

Estar na presença dele já não restaura seus níveis de oxitocina depois de um dia estressante no trabalho. Só de pensar em ser ignorada e rejeitada por ele já causa a queda de seus níveis de oxitocina e seu nível de estresse se eleva. Em vez de ser uma fonte de apoio, seu parceiro passa a ser outro fardo que ela deve carregar. Se seu parceiro entende suas necessidades, lhe dar um abraço e conversar alguns minutos sobre seu dia, logo que se encontram após o trabalho, é algo simples para ele, e ambas as ações são potencializadoras da oxitocina. Como ela terá consideração igual quanto às necessidades dele, não será tão exigente e o permitirá ter o tempo de recesso do qual precisa.

O sucesso no local de trabalho é importante para as mulheres, mas nunca irá melhorar a qualidade de seus relacionamentos, a menos que ela também tire um tempo para equilibrar suas atividades geradoras de testosterona, relacionadas ao trabalho, com as atividades e comportamentos geradores de oxitocina. Obter sucesso numa atividade geradora de testosterona pode reduzir o estresse no homem, mas não nas mulheres. É, primordialmente, a qualidade dos relacionamentos da mulher que mantém seu nível de estresse baixo.

Agora que as diferenças hormonais entre homens e mulheres estão claras, nós podemos começar a entender como reagimos de forma tão diferente ao estresse.

## Brigar ou voar

A reação de brigar ou voar é uma resposta de corpo inteiro a um ataque à nossa sobrevivência que nos prepara para nos defendermos. A reação está condicionada em nosso cérebro. Quando estamos em perigo, nossos cérebros ativam o sistema nervoso central. Conforme descrito no começo deste capítulo, adrenalina, cortisol e outros hormônios são liberados em nossas correntes sangüíneas, acelerando o ritmo cardíaco, a pressão sangüínea e a respiração. O sangue é redirecionado do trajeto digestivo para nossos músculos e membros para nos prover energia e combustível extras para correr e brigar. Nosso estado de alerta se intensifica, nossos impulsos são mais velozes. Nesse estado de alerta tudo passa a ser assimilado como inimigo ou ameaça à nossa sobrevivência. Essa reação física é um sistema de defesa emergencial poderoso em situações de risco de morte.

Com o estresse moderno prolongado, os hormônios tóxicos do estresse fluem em nossos corpos em resposta a acontecimentos que não apresentam uma ameaça real para nós. Não estamos queimando ou metabolizando os hormônios do estresse com atividades físicas. Não podemos escapar das ameaças que percebemos, nem lutar fisicamente com aqueles que julgamos nossos adversários. Em vez disso, temos de manter a calma quando somos criticados no escritório, ser pacientes passando horas ao telefone com o suporte técnico para consertar um defeito no computador para cumprirmos um prazo urgente, e temos de ficar parados no tráfego sem sucumbir a uma crise de fúria no meio da estrada. Muitas coisas que nos estressam todos os dias ativam completamente nossa reação de brigar ou voar e podem nos levar a agir com agressividade ou com reações excessivas. Essa reação física pode ter um efeito devastador em nossos estados emocionais e psicológicos. Sentimos como se passássemos de uma emergência para outra. O acúmulo de hormônios do estresse conduz a doenças físicas, incluindo dores de cabeça, problemas intestinais, hipertensão, fadiga crônica, depressão e alergias.

O dr. Hans H. B. Selye, húngaro pioneiro na pesquisa do estresse que trabalhou na McGill University, no Canadá, identificou uma reação em três estágios para esse tipo de estresse, nos níveis fisiológico, psicológico e comportamental. Fisicamente, nossos corpos entram em estado de alarme, depois em estado de resistência e, quando começam a relaxar, finalmente no estado de exaustão. Nossa reação psicológica ao estresse conduz aos sentimentos de ansiedade, medo, raiva, tensão, frustração, desesperança e depressão. No nível comportamental, tentamos aliviar as más sensações que o estresse pode causar. Comemos demais ou muito pouco, bebemos ou fumamos demais, tomamos mais medicamentos ou apresentamos o comportamento de "brigar ou voar", ao discutirmos ou nos retirarmos, respectivamente.

Quando os homens experimentam a reação "brigar ou voar", a vasopressina* é liberada em seus corpos e intensificada pela testosterona. A combinação de testosterona e a vasopressina anula a produção de oxitocina; portanto, se torna mais difícil para os homens se acalmar. Como resultado da anulação da produção da oxitocina, os homens não possuem o tranqüilizante interno que as mulheres têm para lidar com o estresse. Nas atividades diárias, as mulheres possuem níveis bem mais altos de reação emocional, mas, nas horas de perigo, quando os homens estão prontos para brigar, geralmente são as mulheres que acalmam os ânimos.

### Ternura e amizade

Os cientistas acreditam que nossos ancestrais femininos possam ter desenvolvido suas reações próprias ao estresse, para se protegerem quando grávidas, amamentando ou cuidando de seus filhos. As reações de ternura e amizade envolvem o carinho com os pequenos e a amizade com os outros, em épocas de estresse, para aumentar as possibilidades de sobrevivência. Como um grupo é mais provável na superação de uma ameaça do que um indivíduo, a criação de laços é um mecanismo protetor para a mãe e seus filhos. Enquanto os homens estavam fora, caçando, fazer amizade com outras mulheres era necessário para a sobrevivência da mulher, pois a gravidez, a amamentação e o cuidado com os filhos deixavam as mulheres mais vulneráveis às ameaças externas.

---

* Hormônio antidiurético.

Criar uma rede de contatos dava às mulheres mais proteção e auxílio na criação dos filhos. Trabalhar em grupos possibilitava juntar comida e cuidar da casa com mais eficácia. Nos tempos pré-históricos, os machos eram atraídos a grupos maiores para a defesa e a guerra, enquanto as fêmeas atraídas a grupos menores, que proviam apoio emocional e proteção das outras mulheres, durante as épocas de estresse.

As mulheres não tinham a força, o tamanho ou a massa muscular dos homens para se proteger. A reação "brigar ou voar" não possibilitava a sobrevivência das mulheres e de seus filhos porque elas encontravam dificuldade em lutar ou fugir quando estavam grávidas e não conseguiam proteger seus filhos pequenos se estivessem amamentando ou cuidando deles.

## Como o estresse cobra seu preço das mulheres

Essa reação ao estresse ainda hoje é evidente no comportamento das mulheres. Em vez de se recolher ou se tornar agressiva, a mulher busca o contato social, principalmente com outras mulheres, e passa seu tempo cuidando dos filhos para lidar com o estresse. Como você já descobriu anteriormente, a produção de oxitocina está diretamente ligada às reações e aos comportamentos supridores. As situações e as circunstâncias em que a mulher cuida de outros ou se conecta emocionalmente são os mais potentes estimulantes da oxitocina.

A geração de oxitocina no trabalho fora de casa pode ser interrompida pelas exigências da tomada de decisões e do estabelecimento de prioridades baseadas num ponto decisivo, e não nas necessidades de outros e no comportamento profissional. Essas são situações geradoras de testosterona. Embora não haja nada errado em gerar testosterona, isso não faz nada para baixar o nível de estresse da mulher.

Até mesmo os comportamentos das mães que ficam no lar como supridoras e donas-de-casa podem se tornar estressantes se a mulher sente que está fazendo aquilo sozinha, sem o apoio da comunidade e de outras mulheres. Algumas chegam a se sentir culpadas ou rejeitadas por mulheres que trabalham por escolherem ficar em casa em vez de buscar uma carreira. Essa sensação de separação e abandono só aumenta o nível de estresse da mulher.

As mulheres acabam se tornando estressadas quando não tiram um tempo para fazer aquilo que aumenta seus níveis de oxitocina. Para lidar com o estresse de forma eficaz, a mulher tem de integrar em seu dia uma variedade de experiências geradoras de oxitocina. Ela precisa cultivar uma postura mental e um sistema auxiliar de trabalho, amigos e familiares que possam estimular a produção regular de oxitocina. Sem esse apoio, ela irá esperar demais de seu parceiro. Esse *insight* liberta a mulher da dependência excessiva do homem em sua vida, para aumentar seus níveis de oxitocina.

A compreensão dos comportamentos geradores de oxitocina pode mudar totalmente a forma como o homem interpreta as condutas da mulher. Por exemplo: quando a mulher reclama de não estar recebendo auxílio suficiente, ou sente a necessidade de falar sobre os problemas de sua vida, isso não significa que ela não seja grata pelo que seu parceiro faz. Ao contrário, seu comportamento pode ser uma indicação de que ela está tentando lidar com o estresse aumentando seus níveis de oxitocina.

---

Falar dos problemas com alguém que se ame
pode elevar os níveis de oxitocina de Vênus.

---

A maioria dos homens não tem consciência de que conversar e compartilhar pode aumentar os níveis de oxitocina e ajudar a mulher a lidar com o estresse. Sem entender essa dinâmica biológica, o homem equivocadamente presume que a mulher esteja buscando uma solução dele. Ele a interrompe dando suas soluções. E o faz, pois a resolução de problemas é uma da formas de se sentir melhor quando está estressado. Ele acha que isso também irá ajudá-la. Resolver problemas aumenta os níveis de testosterona dele, mas faz muito pouco pela oxitocina dela. Uma vez que o homem entende que simplesmente ouvir sua parceira faz com que ela se sinta melhor, os níveis de testosterona dele também sobem, pois ele sabe que está, na verdade, resolvendo um problema.

## Estresse e sexo

Não há descanso para a mulher; porém, se seus níveis de oxitocina estiverem favoráveis, o estresse mais baixo produz uma fonte infinita de energia, assim como capacidade de desfrutar do sexo. Junto com a boa comunicação, a intimidade sexual pode ser uma das formas mais poderosas de uma mulher baixar seus níveis de estresse, pois a oxitocina também é produzida pela excitação sexual e pelo orgasmo.

O problema em fazer sexo para gerar a oxitocina é que a maioria das mulheres precisa primeiro da oxitocina para sentir o desejo sexual. As mulheres ativas sexualmente tendem a querer mais sexo, já que o sexo produz uma cascata hormonal benéfica. Mulheres que não fizeram sexo por um tempo geralmente podem passar sem tê-lo, pois se tornaram excessivamente estressadas. É a reação "usar ou perder".

Depois de um dia estressante, a última coisa em que a maioria das mulheres pensa é sexo. Essa geralmente é a última coisa em sua lista de afazeres. Certamente há exceções, mas, na maioria das vezes, o estresse inibe o desejo sexual da mulher.

> Ao contrário dos homens, a maioria das mulheres não está interessada em sexo quando estressada.

Há algumas mulheres que, conduzidas pela testosterona, querem sexo mesmo quando estão estressadas e seus níveis de oxitocina estão baixos. Elas são mais como os homens, que podem usar o sexo para aliviar seu estresse. Quando faz sexo, essa mulher encontra alívio, mas por motivos diferentes do homem.

O clímax eleva, temporariamente, seus níveis de oxitocina e reduz os níveis de testosterona. Por um breve período de tempo, ela fica de férias de seus níveis altos de testosterona. Às vezes, as mulheres com alta testosterona têm um forte desejo de sexo, mas uma incapacidade de chegar ao clímax, ou de se satisfazer com um orgasmo. Embora isso possa parecer empolgante, pode ser frustrante para ambos os parceiros. O homem quer sentir que pode satisfazer sua parceira, da mesma forma que ela quer ser satisfeita. A oxitocina nos dá uma sensação de satisfação. Testosterona excessiva pode interferir na capacidade da mulher de sexo satisfatório. Assim como ao comer um biscoito cheio de açúcar, ele é saboroso, mas a deixa querendo mais.

A atividade sexual produz testosterona nos homens, mas o orgasmo libera oxitocina. Os efeitos calmantes dessa cascata hormonal são o motivo pelo qual os homens viram para o lado e dormem logo depois. Após o sexo, os níveis de testosterona do homem caem por um tempo, razão por que, às vezes, o homem sente uma necessidade de maior distância após o sexo.

Homens e mulheres reagem de formas opostas depois do sexo por conta de seus hormônios. Enquanto os níveis elevados de oxitocina da mulher acionam seus reflexos para o aconchego, a dinâmica de elevação de oxitocina e queda da testosterona freqüentemente levam o homem a se recolher, conforme seus hormônios retomam o equilíbrio normal. Compreender e aceitar que, às vezes, os homens se retraem após o sexo, quando as mulheres se sentem mais conectadas, pode ajudar a evitar sentimentos ruins.

Sexo regular e satisfatório é uma das maiores dádivas de um relacionamento amoroso. Para desfrutar desse presente por toda a vida, muito depois que a novidade tiver passado, homens e mulheres precisam ser criativos ao encontrar novas formas de ajudar a mulher a elevar seus níveis de oxitocina. Quando a mulher é capaz de relaxar, ela pode voltar a desfrutar de sua sexualidade.

## Hormônios fazem toda a diferença

Dar ao parceiro o que talvez desejemos freqüentemente é o oposto do que vai funcionar. Homens e mulheres têm muitos objetivos comuns. Queremos nos sentir seguros, felizes, bem-sucedidos e amados; porém, o que precisamos para nos sentirmos dessa forma pode ser muito diferente. São nossos hormônios que fazem toda a diferença.

Essa análise da base biológica sobre a forma como homens e mulheres lidam com o estresse esclarece por que, às vezes, Marte e Vênus colidem. Condicionamentos sociais, exemplos dos pais e educação podem ter um efeito significativo em como homens e mulheres interagem e reagem mutuamente, mas a forma como reagimos ao estresse está condicionada em nossos corpos e cérebros.

CAPÍTULO 4

# A INTERMINÁVEL LISTA DE TAREFAS DA MULHER

Quanto mais estresse a mulher sente, mais oprimida ela se torna. Há coisas demais para ela fazer antes que possa relaxar. Tentar fazer o impossível a conduz à exaustão. Infelizmente, não pára por aí. Quanto mais exausta se sente, mais urgente se torna que ela termine tudo.

---

No cérebro da mulher, sempre haverá mais a fazer.

---

O estresse leva à opressão e estar oprimida leva à exaustão, o que leva à urgência, que, por fim, leva a mais estresse. Dessa forma, um ciclo negativo é criado. Quando uma mulher empreende atividades que geram oxitocina, seu nível de estresse cai, sua sensação de opressão desaparece e sua energia volta. Quando têm energia de sobra, as mulheres têm grande prazer em suas responsabilidades. Elas ainda têm uma lista interminável de coisas a fazer; porém, ela não é mais tão assustadora.

---

Quando têm energia de sobra, as mulheres têm grande prazer em suas responsabilidades.

---

Com os níveis de estresse reduzidos e a energia restaurada, a mulher fica feliz e orgulhosa de poder fazer tudo. Minha mãe criou seis filhos e uma filha. Meu pai viajava muito, mas, de uma forma ou de outra, ela fazia tudo quando ele estava fora, sem ficar exausta. Ela fazia parte de uma outra geração de mulheres que *conseguia* fazer tudo. O estilo de vida delas, no entanto, era diferente. Não participavam do mundo dos negócios, produzindo testosterona o dia todo. Em vez disso, tinham um modo de vida e uma dieta que lhe propiciavam energia inesgotável para produzir abundância de oxitocina e, assim, reduzir os níveis de estresse.

## A verdadeira razão do cansaço das mulheres

Independentemente do fato de ter ou não filhos, o corpo da mulher é projetado para a resistência. Pesquisas recentes revelam que o corpo da mulher é quase duas vezes mais resistente do que o de um homem. O homem tem quase 30% a mais de massa muscular do que a mulher, mas seus músculos se exaurem muito mais rápido, quase duas vezes. Essa distinção foi descoberta por pesquisadores da NASA. No espaço, os homens perdem muito mais massa muscular, a ponto de, após a aterrissagem, precisarem desembarcar da espaçonave em cadeira de rodas. Quando as mulheres foram ao espaço, seus músculos não entraram em colapso como os dos homens.

> O corpo da mulher é quase duas vezes mais resistente do que o de um homem.

Essa é uma das razões pelas quais o homem tem de produzir muito mais testosterona. Além de reduzir o estresse, a testosterona reconstrói a massa muscular masculina. Como já examinamos, é o descanso que o permite reconstituir seus níveis de testosterona.

Quanto mais estresse um homem experimenta durante o dia, mais vazio se torna seu corpo. Para as mulheres, é inconcebível que um homem possa se sentar e, sem o menor esforço, não pensar nas coisas. Ele só precisa de um ponto de foco e sua mente fica vazia. Isso não ocorre com as mulheres, pois seus músculos não entram em colapso com a mesma facilidade que os dos homens, roubando os aminoácidos necessários para que o cérebro pense. Quanto mais o homem se sente estressado, mais ele necessita se recuperar. Mensagens positivas de sua parceira reduzem seu nível de estresse e diminuem o tempo que ele necessita para se recuperar.

---

Para as mulheres, é inconcebível que um homem possa se sentar e, sem o menor esforço, não pensar nas coisas.

---

O corpo de uma mulher é muito diferente do corpo de um homem de inúmeras formas. Ter de 20 a 25% a mais de gordura corporal do que o homem dá a ela o potencial energético para se manter ativa durante as horas em que estiver acordada. A maior proporção gordura/músculo que a mulher possui habilita seu corpo não somente a produzir hormônios extras para a gravidez, mas também fornece energia adicional. Ao queimar a gordura armazenada em suas células adiposas sobressalentes, ela pode produzir até vinte vezes mais energia do que o homem. Essa energia a mais respalda seu cérebro que nunca descansa, maquinando sem parar para criar uma lista interminável de afazeres.

---

A mulher tem mais gordura corporal do que o homem, e isso é o que lhe dá uma energia duradoura.

---

As mulheres ficam exaustas, não porque seus músculos estejam falindo, mas porque não estão produzindo oxitocina suficiente. À medida que seu nível de estresse aumenta e seu corpo produz mais cortisol, o físico é incapaz de queimar gordura para obter energia, mas processa carboidratos e açúcares. Em seu estado de alerta vermelho, elas se vêem ávidas por carboidratos, cafeína ou açúcar para uma energia em curto prazo, que logo as deixa ainda mais exaustas. A solução para as mulheres não é ter mais tempo de descanso, mas encontrar atividades que estimulem a oxitocina a fim de reduzir seu nível de estresse.

## Tipo físico e estresse

Quando a capacidade de queimar gordura da mulher é interrompida pelo estresse, seu tipo físico afeta a forma como ela reage. Os três tipos físicos básicos são o endomorfo, o mesomorfo e o ectomorfo.

▶ ENDOMORFO: Se seu tipo físico tiver uma tendência a ser arredondado, ela terá mais energia do que a maioria das mulheres, mas seu corpo começará a armazenar gordura extra em áreas indesejadas quando estiver estressada. O tipo endomorfo sente que há gente demais precisando dela, o que, gradualmente, a torna mais exausta.

▶ MESOMORFO: Se ela tem um corpo mais musculoso, armazenará mais gordura extra em seus músculos, mas ficará sem energia quando estiver estressada. Sem a fartura da oxitocina, seu nível de estresse aumenta e ela sente que há coisas demais a serem feitas.

▶ ECTOMORFO: Se a mulher é bem magra, com menos gordura e músculos do que as outras, sem oxitocina farta, experimentará sensações crescentes de ansiedade e preocupação. O tipo ectoformo tem coisas demais com que se preocupar.

A maioria das mulheres irá vivenciar algum ganho de peso, perda de energia e sensação de opressão quando seus corpos não estiverem produzindo oxitocina suficiente. O tipo físico tende a determinar até que ponto a mulher experimentará as conseqüências.

O verdadeiro motivo do cansaço das mulheres de hoje não é o fato de terem coisas demais a fazer. É por não produzirem oxitocina suficiente para lidarem com o estresse.

---

A mulher acha que sua lista de afazeres é a causadora de seu estresse, mas a culpa é de seu baixo nível de oxitocina.

---

Sem esse entendimento, as mulheres se concentram na realização das atividades, em vez de gerar mais oxitocina para diminuir o estresse. Cometem o engano de presumir que, realizando mais, finalmente terão a oportunidade de descansar. Não só esperam de si mesmas uma realização maior, como também esperam que seus parceiros realizem mais. A idéia de que concluir tudo em sua lista de afazeres irá isentá-la de seu estresse e sua angústia é uma ilusão. Em vez disso, é seu estresse que a leva a se sentir sobrecarregada e exausta.

## Como *não* lidar com uma mulher estressada

Os homens cometem o engano de presumir que ajudar a mulher a resolver seus problemas irá fazê-la se sentir melhor. Isso funciona para ele, mas não para ela. Mais testosterona, proveniente da resolução dos problemas, não faz nada para reduzir o nível de estresse da mulher. O que o homem pode fazer para ajudar é auxiliá-la a gerar mais oxitocina.

---

Mais testosterona, proveniente da resolução dos problemas, não faz nada para reduzir o nível de estresse da mulher.

---

Sem a percepção das diferenças entre os sexos, os homens tornam as coisas piores ao tentar resolver os problemas das mulheres ou reduzir sua lista de tarefas. Aqui está uma conversa típica, que você mesma provavelmente já teve:

– *Eu estou tão sobrecarregada – diz ela.*
– *Por quê, qual é o problema? – pergunta ele.*
– *Eu tenho coisas demais a fazer – ela responde, com uma voz tensa.*
– *Não se preocupe com isso. – Ele tenta acalmá-la. – Apenas relaxe. Vamos assistir à TV.*
– *Não posso assistir à TV – ela estrila. – Ainda tenho de fazer o jantar, pagar as contas, cancelar minha consulta médica por causa*

*da reunião de última hora que meu chefe marcou. Eu quero lavar uma máquina de roupa e ainda não coloquei no correio os cartões de agradecimento. Não consigo achar nada em minha escrivaninha, que está uma bagunça. E quase esqueci que prometi escrever os convites para a peça da escola. – Ela suspira. – Estou muito atrasada. Não tenho tempo para TV.*

*– Esqueça o jantar –* diz ele, tentando ajudá-la a reduzir sua lista. *– Posso ir comprar uns burritos.*

*– Você simplesmente não entende –* responde ela. *– Tenho coisas demais a fazer.*

*– Isso é ridículo –* diz ele, menosprezando o sentimento dela. *– Você não precisa fazer nada!*

*– Preciso, sim –* responde ela, frustrada. *– Você simplesmente não entende!*

Em vez de ajudar sua parceira, a reação casual e as tentativas de fazê-la olhar a situação a partir de uma perspectiva diferente fazem com que ela se sinta ainda mais estressada e também mal interpretada. E, como resultado desse diálogo, ele se sente derrotado. Após alguns anos, ele nem se incomodará em tentar ajudar, pois parece que nada que ele faz dá certo. Ela acabará parando de expressar seus sentimentos para ele, pois ele não entende o que ela precisa para aliviar o estresse.

---

Após alguns anos ouvindo as mesmas coisas, o homem nem sequer ouve mais, nem se incomoda em ajudar.

---

Os homens são provedores e estão sempre priorizando o que têm de fazer e quanta energia possuem para que as coisas mais importantes sejam feitas em primeiro lugar. O enfoque numa única tarefa entra em jogo. Essa diferença evita que os homens se tornem sobrecarregados como a mulher, mas também pode impedi-los de entender o que a mulher está passando.

> Priorizar evita que o homem se sinta oprimido, mas também limita sua habilidade de se conectar.

Quando uma mulher fala, tudo que o homem ouve é filtrado para determinar que atitudes precisam ser tomadas. Ele constantemente prioriza e compara o que ela está dizendo com outros problemas que precisam ser resolvidos. Na lista dos problemas que precisam ser resolvidos em primeiro ou último lugar, ele está classificando o que ela está dizendo como importante ou insignificante. Se o que ela está dizendo é insignificante no conjunto de coisas que precisam ser feitas, então aquilo segue para o fim da lista.

A mulher pode reagir a essa priorização sentindo que o que ela está dizendo não tem importância para ele, o que pode ser traduzido em sua sensação de não ser importante. Isso está longe da verdade, mas é como ela assimila. Certamente, ela concordaria que, na lista dos problemas que precisam ser resolvidos, aqueles dos quais está falando não são tão importantes quanto os grandes problemas. Mas essa não é a questão em seu planeta. As mulheres falam por uma infinidade de motivos que podem não ter nada a ver com a resolução de um problema – elas podem estar compartilhando para se aproximar, para restabelecer uma ligação, para se sentir melhor, ou para descobrir o que estão sentindo.

> As mulheres falam por uma infinidade de motivos que podem não ter nada a ver com a resolução de um problema.

Ela pode estar falando sobre quinze pequenas coisas que lhe aconteceram. Embora só queira ser compreendida, ele está ocupado desmerecendo essas questões como menos importantes do que os grandes problemas, como planejar negócios para aumentar a renda deles e melhorar a qualidade da vida em comum. Enquanto ele se ocupa fazendo isso, a qualidade da conversa diminui. Da mesma forma que ela tem dificuldade em prender sua atenção, ele tem dificuldade em focar a atenção.

Ao mudar sua participação na conversa de buscar a resolução dos inúmeros problemas dela para apenas ouvir, uma necessidade com a qual pode realmente ajudar, ele consegue manter seu foco sem esforço. Ao lhe dar tarefas concretas a realizar, a mulher ajuda a manter elevados os níveis de testosterona de seu parceiro.

Comumente, a mulher simplesmente precisa falar sobre seus sentimentos, necessitando que seu parceiro ouça, na tentativa de entender o que ela está passando. Ela não precisa que ele resolva todos os seus problemas nem ajude a classificar o que precisa ou não fazer. Ao compartilhar seus sentimentos sobre o que tem a fazer, ela está tentando reduzir seu nível de estresse ao aumentar sua oxitocina.

Se secretamente espera que compartilhar suas frustrações irá motivá-lo a ajudá-la mais, ela está no caminho errado. Da mesma forma que os homens não devem tentar resolver os problemas da mulher quando elas estão compartilhando seus sentimentos, as mulheres não devem esperar que os homens ouçam e façam alguma mudança para resolver seus problemas. As mulheres precisam deixar claro que, se estão compartilhando, elas não estão indiretamente pedindo aos homens que lhes ajudem com sua lista de afazeres. Em outras ocasiões, sem todo aquele sentimento envolvido, ela pode ser bem mais eficaz ao pedir que ele a ajude a realizar algo.

## Como obter ajuda de Marte

Devido às pressões do mundo de hoje e à forma como as mulheres estão em seus limites, os homens não podem ignorar o novo fardo que as mulheres carregam. Sem dúvidas, atualmente, as mulheres precisam de mais apoio. Dar a ajuda que seus pais davam a suas mães já não é mais uma colaboração adequada dos homens. Mesmo assim, a mulher precisa lembrar o que faz seu parceiro se sentir bem de modo a obter mais dele.

A primeira vez que experimentei esse conceito simples foi certo dia quando minha esposa me pediu que pegasse três camisas minhas que

estavam ao lado cama e as colocasse no cesto de roupa. Fiquei feliz em concordar.
– Está vendo como ficou bem melhor assim? – Ela sorriu, contente.
– Obrigada por arrumar o quarto.
Eu senti um grande orgulho, como se, sozinho, eu tivesse arrumado o quarto inteiro.

---
Vitórias fáceis motivam o homem a fazer mais.
---

Dar-me o crédito integral pela tarefa teve um efeito drástico. Isso foi há vinte anos, e eu ainda me lembro como me senti. O aumento da testosterona que experimentei ao ser reconhecido por arrumar o quarto me motivou a continuar ajudando, fazendo cada vez mais por toda a casa. A forma simples de seu reconhecimento me lembrou de como me senti no início de nosso relacionamento, quando eu não tinha como fazer nada de errado e ganhava tanto apreço. Essa vitória fácil ao fazê-la feliz impulsionou minha testosterona, me dando mais energia e ímpeto, e me motivou a fazer mais e me sentir mais ligado a ela.

---
Quando pode fazer pequenas coisas e percebe uma boa reação, o homem obtém energia e ímpeto para fazer mais.
---

Sem saber como o nível de testosterona afeta a sensação de bem-estar do homem, a mulher pode ler esse exemplo e pensar que os homens são carentes como criancinhas. Afinal, uma mulher não precisa de reconhecimento de tudo o que faz em casa. Ela simplesmente quer ajudar. Sem compreender nossas diferenças hormonais, ou ela seria negligente com a necessidade dele em ser reconhecido, ou a subestimaria.

De maneira semelhante, os homens podem interpretar mal o comportamento da mulher. Quando o homem não entende a necessidade da mulher da oxitocina para relaxar, ele pode pensar que ela é exigente demais quando busca mais intimidade. A necessidade impulsionada pela oxitocina de obter mais elogios, atenção, afeição e abraços poderia ser facilmente negligenciada ou julgada como excessivamente carente.

Ao entender as raízes hormonais de nosso comportamento, podemos começar a reconhecer por que, no passado, nossas tentativas de apoio a nossos parceiros não deram certo.

## Dando menos para receber mais

Quando uma mulher está estressada, ela freqüentemente comete o erro de dar mais, em vez de focar em si mesma para obter o que precisa. Da mesma forma que um homem precisa descansar e se recuperar após um dia de ação e desafios, a mulher precisa compensar seu dia agitado ao dedicar um tempo durante o dia para receber o apoio do qual precisa. A doação só estimula os níveis de oxitocina quando a mulher sente que também está recebendo amor, apoio e afeição.

Quando a mulher se sente apoiada, os níveis de oxitocina aumentam. Com esse alicerce, ela pode continuar a dar e manter seu nível de estresse baixo. Embora esse seja um ciclo perfeito para aumentar sua realização, isso também pode seguir outro caminho.

Quando ela não está recebendo o que precisa, seu cérebro lembra que o fato de dar mais a faz sentir-se melhor. A menos que ela faça um empenho deliberado, sentirá um ímpeto compulsivo para dar mais, em vez de se permitir receber.

---

*Quando uma mulher não está recebendo o que precisa, ela sente um ímpeto para dar mais.*

---

A menos que aprenda a pisar no freio, ela pode facilmente cair. Isso não é verdadeiro em Marte. O homem a ama mais quando ela não sente que está fazendo um sacrifício e quando aceita o que ele tem a dar. Conforme ela se aprimora em aceitar o apoio que ele oferece, o homem se sente cada vez mais bem-sucedido.

---

*A menos que aprenda a pisar no freio, ela pode facilmente cair.*

---

"Dar menos" é fácil para o homem, mas não é tão fácil para a mulher. Para produzir oxitocina, a mulher precisa se sentir tão bem ao receber quanto se sente ao dar. Aprender a dizer não às exigências do mundo é tão importante quanto ser capaz de dizer sim. Como dizer não às necessidades dos outros é algo difícil para a mulher, ela pode mudar sua perspectiva ao ver que não está dizendo não aos outros, mas está dizendo sim a si mesma. Ao receber mais, ela será capaz de dar de coração, sem qualquer ressentimento ou sacrifício.

Um medo comum que as mulheres possuem é de que, ao parar de dar, tirando um tempo para si mesmas, os homens deixem de amá-las. Isso simplesmente não é verdade. Os homens sempre amarão uma mulher satisfeita e realizada. Ao perceberem essa distinção, as mulheres podem ter o alívio do fardo adicional de fazer o homem feliz.

## Quando o sacrifício é bom

Nada disso é para dizer que não devemos fazer sacrifícios por aqueles que amamos. Quando um sacrifício é um fardo, nós podemos chamá-lo de sacrifício, mas quando um sacrifício vale a pena é um sacrifício positivo. Um sacrifício positivo é um gesto maravilhoso de amor. A palavra sacrifício é derivada da raiz latina "tornar sagrado". Ao colocarmos de lado nossos próprios desejos para ajudar os outros, fazemos aquela pessoa mais especial e crescemos em nossa capacidade de amar.

Fazer um sacrifício é tornar nosso parceiro especial ou sagrado.

Eu ainda me lembro do imenso amor que sentia, quando me levantava, à noite, para confortar meus filhos, quando eles estavam doentes ou chorando. Eu sacrificava uma boa noite de sono, mas não sentia aquilo como um fardo. Era um sacrifício positivo. Eu abria mão do que queria fazer por uma boa causa. Nesse processo, eu crescia em minha capacidade de amar a meus filhos, a mim mesmo e a minha vida.

Para fazer um relacionamento dar certo, é preciso fazer ajustes e assumir compromissos, e os homens ficam tão felizes quanto as mulheres em fazer isso. Se lembrarmos que os homens são de Marte e as mulheres são de Vênus, sacrifícios negativos podem ser facilmente transformados em positivos, que valham a pena.

Se eu quero dirigir rápido e minha esposa quer que eu dirija devagar, posso sentir que tenho de sacrificar minha necessidade de velocidade por sua necessidade de segurança. Eu posso até me sentir controlado e resistir ao compromisso. Dirigir rápido pode até diminuir meu nível de estresse, mas, na verdade, elevará o dela. Fico feliz em compreender o que ela precisa, para que eu possa fazer um sacrifício positivo como expressão de meu amor e minha consideração. Não preciso abrir mão totalmente de dirigir rápido. Preciso ir um pouquinho mais devagar quando estou dirigindo com ela.

Se compreendo que minha atitude está aumentando seu estresse, o sacrifício se torna razoável e vale a pena. Como resultado, diminuir a velocidade se torna um sacrifício positivo, um simples ajuste da minha parte, pois eu me importo com ela. O que poderia ter parecido um pedido resmungão passa a ter um novo significado, pois eu entendo que Bonnie precisa diminuir seu estresse.

---

*Compreender nossas necessidades diferentes de lidar com o estresse ajuda a fazer com que os sacrifícios valham a pena.*

---

É simplesmente sensato respeitar sua necessidade diferente da minha, se estou dirigindo e ela está sentada no banco da frente. Só porque sua forma de conforto no carro é diferente da minha, isso não significa que ela não confie em mim como motorista, nem que esteja tentando controlar meu comportamento. Para diminuir seu nível de estresse, ela simplesmente tem uma necessidade maior de segurança. Apesar de minha reação murmurante inicial, esse gesto me faz sentir como um herói.

---

*Qualquer coisa que faça com que um homem se sinta bem-sucedido irá prender sua atenção e lhe dar energia.*

---

## Fazer um homem feliz é mais fácil do que você pensa

Há verdade por trás da máxima: "O cão é o melhor amigo do homem." O cachorro está sempre feliz ao vê-lo. O homem pode ter tido um dia frustrante, mas ao menos seu cachorro não tem reclamações. Quando ele chega em casa, a empolgação e o entusiasmo das boas-vindas de seu cachorro, mais uma vez, o fazem saber que ele é seu herói. Tudo o que o homem precisa ver é o rabo de seu cachorro abanando e seu nível de estresse começa a cair.

Sempre que chego em casa, meu cachorro fica contente em me ver e corre para a sala de estar, anunciando minha chegada com grande euforia. O herói, por vezes ferido, regressou. Essa reação exuberante ajuda tudo a valer a pena. É dessa forma que o homem quer ser amado. O amor incondicional de um cão e sua imensa estima significam muito para o homem. Entender por que o homem tem laços tão profundos com seu cão pode iluminar a natureza dos homens e suas afeições.

---

*Os homens precisam de amor tanto quanto as mulheres.*
*Apenas precisam de formas diferentes.*

---

O sucesso das ações e das decisões do homem é o que aumenta a testosterona e o faz se sentir bem. Por isso, ao regressar, o entusiasmo do cachorro é tão gratificante para ele. A lealdade inquestionável e o afeto irrestrito de um cachorro fazem com que ele se sinta como se estivesse sendo saudado por um pelotão inteiro após uma grande vitória.

---

*O senso de auto-estima do homem gira*
*em torno daquilo que ele pode fazer.*

---

O reconhecimento de suas ações e realizações é importante para as mulheres, mas esse reconhecimento não reduz seu estresse. As mulheres sempre imaginam por que os homens fazem tanto estardalhaço quanto receber os lucros de seus feitos. Ser reconhecido pelo que ele realizou estimula a produção de testosterona. As mulheres não ligam, de imediato, para a importância de ganhar crédito, pois fazê-lo não reduz seu nível de estresse.

> Tanto homens quanto mulheres merecem mais crédito por tudo o que fazem, mas esse crédito não reduz o nível de estresse da mulher.

Essa simples diferença explica por que os homens tendem a evitar pedir instruções quando estão perdidos de carro, ou descartam assistência médica, a menos que seja absolutamente necessária. As mulheres são muito mais abertas a esse tipo de ajuda. O homem só pedirá ajuda depois de sentir já ter feito tudo o que pode sozinho. Nesse caso, pedir ajuda pode gerar testosterona, pois isso se torna uma forma de resolver o problema. Ele estima seu tempo simplesmente de maneira diferente da mulher. Ele primeiro quer tentar fazer por sua conta.

> O homem só pedirá ajuda depois de sentir já ter feito tudo o que pode sozinho.

Em meus seminários, quando pergunto aos homens se eles param para pedir informações, a maioria levanta a mão. As mulheres no auditório freqüentemente caem na gargalhada, desacreditando. A verdade é que homens pedem informações o tempo todo. Eles apenas o fazem quando suas parceiras não estão por perto. No carro, ela sente que ele precisa de ajuda bem antes dele mesmo. Isso acrescenta motivação para que ele prove a ela que não está perdido e pode salvar o dia.

Obter ajuda é mais importante para as mulheres, pois esse é um acontecimento gerador de oxitocina. Alguém que lhe oferece uma ajuda pode colocar um sorriso enorme em seu rosto. Ela está obtendo aquele apoio do qual precisa. Em Vênus, a qualidade dos relacionamentos conta muito mais do que o quão bem-sucedido se é. Em termos hormonais, a oxitocina produzida por atividades realizadas com outras pessoas é mais importante para uma mulher do que a testosterona produzida quando ela as realiza sozinha.

Em nossos relacionamentos românticos, o desejo mais profundo do homem é fazer sua parceira feliz. A biologia predispõe o homem a querer fazer algo acontecer e a mulher a querer ser afetada. O homem não passa a vida procurando por alguém que o ame. Em vez disso, ele busca por alguém com quem ele seja bem-sucedido ao amar.

---

Um homem busca por alguém com quem
ele seja bem-sucedido ao amar.

---

Dessa forma, homens e mulheres são a combinação perfeita. Ela é mais feliz quando ele tenta atender suas necessidades e ele fica mais feliz quando é bem-sucedido ao atendê-la. Com esse tipo de apoio, a mulher se livra do fardo de sua lista interminável de afazeres. Embora jamais vá haver uma época em que ela não tenha mais nada a fazer, o apoio dele a conforta de forma que ela tenha uma energia interminável e não se sinta sozinha.

Com esse tipo de apoio, ela consegue relaxar e desfrutar de muitas possibilidades em sua vida, assim como ser grata pelas inúmeras formas como ele a ajuda. Ele fica feliz em saber que pode contribuir para a realização dela sem que ela tenha de concluir sua lista interminável de responsabilidades. Entender essa distinção pode fazer um mundo de diferença em nossos relacionamentos, reduzindo a tensão e promovendo a paz.

CAPÍTULO 5

# A SOLUÇÃO 90/10

Quando os níveis de oxitocina da mulher estão baixos, é apenas natural que ela busque, em casa, o apoio de que precisa para aliviar seu estresse. O problema com esse quadro é que as mulheres esperam que seus parceiros forneçam esse apoio. Por milhares de anos, as mulheres não recorreram aos homens para gerar a maior parte de oxitocina de que precisavam. Elas contavam com a ajuda das mulheres de sua comunidade, enquanto seus maridos caçavam, ou, mais tarde, ganhavam a vida.

Historicamente, os homens só proviam uma pequena porcentagem do apoio que a mulher precisava. O homem era seu provedor e protetor. Embora os homens ainda tenham esse papel, ele não é tão significativo, pois as mulheres podem prover a si mesmas e se proteger.

Na verdade, o homem só pode atender a uma pequena parte do apoio necessário às mulheres para lidar com o estresse que enfrentam hoje. Imagine a necessidade de uma mulher pela oxitocina, como se fosse um poço que precisa ser preenchido; o homem só consegue preencher 10%. O restante do poço é responsabilidade dela preencher. Quando a mulher já está quase abastecida, é natural que o homem fique altamente motivado a preenchê-la totalmente. Por outro lado, se o poço está vazio e ele lhe dá 10%, ela ainda está bem vazia. Isso dá aos dois a sensação de que ele não fez muita diferença. Ao assumir 90% da responsabilidade por sua felicidade e esperar apenas 10% dos homens, as mulheres podem esperar delas e dos parceiros um sucesso bem maior no relacionamento. Lembrar-se dessa metáfora de 90/10 pode ajudar a criar expectativas realistas para você e seu parceiro.

> O homem só consegue uma pequena parte do apoio necessário às mulheres para a produção de oxitocina.

O homem pode estimular a produção de mais oxitocina numa mulher, mas somente quando ela também assume a responsabilidade por aquilo de que precisa de outras formas. Em vez de buscar um homem que preencha a maior parte de suas necessidades, a mulher tem de ajustar suas expectativas. Esse comportamento faz uma diferença enorme na dinâmica do relacionamento de homens e mulheres.

> Quando a mulher já está quase abastecida, o homem é altamente motivado a preenchê-la totalmente.

Se o poço dela está quase cheio e ele preenche seus 10%, isso faz uma grande diferença na forma como ela se sente. Quando deixa de se sentir bem e passa a sentir ótima, ela lhe dá o crédito total e ele também se sente ótimo. Se fazer pequenas coisas para ela representa uma grande diferença, isso automaticamente motiva o homem a fazer uma quantidade maior de pequenas coisas. Essa sensação de sucesso reduz o nível de estresse dele, estimula seu interesse pelo relacionamento e gera muita energia que ele pode dedicar ao romantismo.

> Se fazer pequenas coisas para ela representa uma grande diferença, isso automaticamente motiva o homem a fazer uma quantidade maior de pequenas coisas.

### Deixando que ele a surpreenda

Da mesma forma que é irrealista esperar que as mulheres façam tudo que suas mães fizeram e ainda mantenham um emprego, não é realista esperar que os homens compensem por todos os fardos adicionais que as mulheres enfrentam, tornando-se a única solução para o problema. Homens e mulheres podem colaborar para o alívio do estresse; porém, somente com expectativas realistas e um senso apropriado de responsabilidade.

Os homens não podem ignorar as responsabilidades adicionais que as mulheres têm hoje em dia e dar apenas o apoio que seus pais proviam às suas mães, mas a maioria dos homens não sabe, realmente, o que é necessário. As habilidades de relacionamento entre homens e mulheres podem ajudar a elevar a oxitocina, mas as mulheres também precisam encontrar formas de elevar seus níveis sozinhas. Se ela tira um tempo para se sentir bem sozinha, então pode permitir que seu parceiro a faça se sentir ótima. A oxitocina irá aumentar se ela ajustar seu estilo de vida de forma a ter mais tempo para fazer as coisas de que gosta.

Como discutido antes, os homens são mais motivados quando sentem que fazem diferença. Só de pensar em ficar com ela dará ao homem uma energia se ele sente que pode fazê-la deixar de se sentir bem para se sentir ótima. O parceiro romântico de uma mulher só pode surpreendê-la quando ela já estiver perto de estar "preenchida". Para ajudar o homem a ajudá-la, a mulher deve fazer o melhor para obter o tipo de apoio que precisa para elevar seus níveis de oxitocina. Há muitas formas de uma mulher aumentar seus níveis de oxitocina sem depender diretamente do homem. Ao assumir a responsabilidade de baixar seu nível de estresse desse modo, ela se torna cada vez mais receptiva e grata pelas tentativas dele de atendê-la.

## Cem formas para a mulher gerar oxitocina sozinha

A seguir, vemos uma lista aleatória de atividades geradoras de oxitocina que podem ajudar a mulher a encher seu tanque sozinha. São atividades durante as quais a mulher trata bem a si mesma ao fazer coisas recompensadoras, satisfatórias e reconfortantes e que envolvem a ligação com outras pessoas, além de seu parceiro. Como você viu no Capítulo 3, a produção de oxitocina é estimulada pelo comportamento de ternura e amizade.

1. Faça uma massagem.
2. Faça seu cabelo.
3. Faça as unhas de pés e mãos.
4. Planeje um programa noturno de Vênus com suas amigas.
5. Fale com uma amiga ao telefone.
6. Faça uma refeição sem ser de negócios com um amigo.
7. Cozinhe uma refeição com uma amiga, depois arrumem a cozinha juntas.
8. Medite enquanto estiver caminhando ou respire fundo enquanto fizer exercícios.
9. Pinte um cômodo com a família ou amigos.
10. Ouça música.
11. Cante no chuveiro.
12. Faça aula de canto.
13. Cante num grupo.
14. Tome banho de sais.
15. Acenda velas no jantar.
16. Faça compras com uma amiga para se divertir.
17. Visite um spa ou passe férias num spa com amigas.
18. Faça uma limpeza de pele.
19. Faça exercícios com um *personal trainer*.
20. Faça aula de ioga.
21. Faça aula de dança.
22. Caminhe por, no mínimo, uma hora.
23. Programe uma caminhada rotineira para conversar com uma amiga.
24. Prepare uma refeição para amigos que tenham um bebê.
25. Prepare uma refeição para amigos e familiares que estejam doentes.
26. Plante rosas e outras flores perfumadas no jardim.
27. Compre flores frescas para sua casa.
28. Cultive uma horta com carinho.
29. Vá à feira.

30. Prepare uma refeição de sua própria horta ou com vegetais plantados perto de sua casa.
31. Faça uma escalada.
32. Vá acampar em grupo.
33. Segure um bebê.
34. Cuide e dê carinho a um bicho de estimação.
35. Faça uma viagem relaxante "só para garotas".
36. Peça a alguém para carregar algo.
37. Peça ajuda.
38. Tire um tempo para olhar uma livraria sem compromisso.
39. Leia um bom livro.
40. Colecione as melhores receitas de suas amigas.
41. Faça aula de culinária.
42. Providencie empregadas domésticas para cozinhar, limpar, fazer compras e cuidar da casa.
43. Contrate um bom "faz-tudo".
44. Planeje atividades divertidas em família.
45. Faça uma refeição para uma ocasião especial e use sua melhor louça e a melhor toalha de mesa.
46. Participe de uma reunião da Associação de Pais e Professores.
47. Cozinhe para eventos beneficentes.
48. Vá ao teatro, a shows e espetáculos de dança.
49. Faça um piquenique com amigos e familiares.
50. Planeje ocasiões especiais que você torça para chegar logo.
51. Ingresse num clube de mães, ou funde um.
52. Cuide das crianças de alguma forma.
53. Alimente os famintos.
54. Leia revistas sobre moda e pessoas.
55. Participe de reuniões inspiradoras, espirituais e religiosas regularmente.
56. Mantenha-se atualizada sobre a vida dos amigos.
57. Assista a seu programa predileto de TV ou DVD com um amigo.
58. Ouça CD's inspiradores.
59. Converse com um terapeuta ou ligue para ele.
60. Estude uma nova cultura e experimente sua culinária.
61. Passe um tempo na praia, num rio ou num lago.

62. Aprenda a esquiar, a jogar golfe ou tênis com amigos.
63. Desfrute de degustações de vinho com amigos.
64. Represente uma causa social ou política.
65. Vá assistir ou participe de uma parada.
66. Contrate alguém para ajudá-la a retirar o entulho de sua casa.
67. Ofereça-se para ajudar um amigo a fazer algo.
68. Faça aula de nutrição, culinária ou bem-estar.
69. Leia e escreva poesia, vá a um recital de poesia.
70. Arranje ração para pássaros e desfrute dos passarinhos quando eles vierem comer.
71. Visite um museu.
72. Vá ao cinema no meio do dia.
73. Ouça a palestra de um escritor numa livraria ou biblioteca locais.
74. Mantenha um diário de seus pensamentos e sentimentos.
75. Organize um diário de fotos de cada um de seus filhos.
76. Crie uma lista de e-mails de amigos para quem você pode mandar fotos recentes.
77. Peça-lhes que retribuam.
78. Crie uma lista de e-mails de amigos com visões políticas semelhantes para ajuda mútua.
79. Faça uma aula de escultura ou pintura com um amigo.
80. Faça um cachecol de tricô para alguém que você ame.
81. Encontre amigos para um café expresso ou uma xícara de chá.
82. Faça doação para caridade.
83. Reorganize seu armário.
84. Mude a cor de seus cabelos.
85. Compre uma roupa nova.
86. Faça compras de lingerie sexy.
87. Compartilhe um álbum de fotografias com amigos.
88. Entre para uma academia de ginástica.
89. Jogue cartas com amigos.
90. Aprenda e pratique um novo programa de dieta ou de purificação para uma saúde melhor.
91. Doe suas roupas velhas.
92. Mande cartões de aniversário.

93. Use produtos para o lar que sejam bons para o meio ambiente.
94. Prepare e congele algumas refeições para quando você não estiver com vontade de cozinhar.
95. Faça aula de ornamentação floral.
95. Seja voluntária num hospital local.
97. Dê uma festa surpresa para um amigo.
98. Dê os livros que você já leu para um hospital ou a biblioteca local.
99. Fique de babá do filho de uma amiga para que ela possa ter uma folga.
100. Tire um tempo de seu dia atribulado para se alongar.

Sem dúvida, você pode arranjar muitas atividades que tragam bem-estar. Cada uma dessas sugestões envolve compartilhar, cuidar, fazer amizade e prover. Esse comportamento de ternura e amizade irá estimular a produção de oxitocina e o senso de bem-estar decorrente.

Para algumas mulheres, ler essa lista é uma revelação, validando e dando a elas a permissão para fazer mais daquilo que elas gostam de fazer. Para outras, isso pode parecer outra lista de tarefas. Se você está estressada, provavelmente vai achar que não pode fazer mais. Por favor, não ignore essa lista. Você não ignora as necessidades de seus filhos somente porque podem sobrecarregá-la.

Use essa lista para acrescentar algo à sua vida que a faça se sentir melhor esta semana. À medida que seu nível de oxitocina subir, se tornará mais fácil acrescentar mais atividades geradoras de oxitocina em sua vida. Mantenha em mente que a razão por você estar sobrecarregada com coisas demais a fazer é que já está realizando atividades excessivas geradoras de testosterona, e não aquelas que promovem a geração de oxitocina.

A solução é encontrar equilíbrio, e só você pode fazer isso. Seu parceiro romântico certamente pode ajudar, mas os primeiros 90% ficam por sua conta, seus amigos e sua comunidade.

Se você prosseguir com sua vida tumultuada, apagando incêndios conforme eles surgem, seus sentimentos de opressão jamais desaparecerão, e o estresse irá desgastá-la. Somente ao dedicar um tempo para aprender a gerar mais oxitocina você reduzirá seu estresse e desfrutará inteiramente de sua vida. Se você não consegue fazer isso sozinha, faça com seu parceiro ou com seus filhos. Lembre-se: "Quando a mamãe está feliz, todos ficam felizes."

## Marcando pontos com Vênus

Embora não possam ser inteiramente responsáveis pela felicidade de suas parceiras, os homens querem fazer as mulheres felizes. Porém, quando as mulheres estão sobrecarregadas, isso pode ser difícil de conseguir. Vou lhes dar uma visão de como as mulheres medem as contribuições e o empenho de um marciano.

Da mesma forma que os homens acompanham o placar no esporte, as mulheres acompanham nos relacionamentos. Em nível subconsciente, a mulher está sempre registrando quanto ela dá, em comparação a quanto ela recebe. Quando ele dá a ela, ela lhe dá um ponto; e quando ela dá a ele, ela dá o ponto a si mesma.

Os homens também fazem isso, mas não na mesma intensidade, nem da mesma maneira. Os homens tendem a pensar que marcarão algumas centenas de pontos se fazem algo grandioso como ganhar muito dinheiro para a família ou levá-la para passar férias dispendiosas. Quando ele realiza algo grande, imagina que pode relaxar por um tempo. Mas esse não é o modo como as mulheres mantêm o placar.

Em Vênus, todo presente de amor marca ponto igual a outro presente de amor, independentemente de ser grande ou pequeno. Quando ele faz algo grande, ganha um ponto, mas, quando faz muitas coisas pequeninas, ganha muitos pontos. Quanto ao estímulo à oxitocina, não se trata do que você faz, mas quanto faz. São os pequenos atos de afeição, atenção e a oferta de ajuda que permitem ao homem acumular pontos com Vênus.

---

*Em Vênus, todo presente de amor marca ponto igual a outro presente de amor, independentemente de ser grande ou pequeno.*

---

Um homem casado ganha um ponto por ir trabalhar, um ponto por regressar e um ponto por ser fiel. Esses são três pontos de ouro. Sem eles, não recebe outros pontos. Esses três pontos dão a ele a chave do coração dela, mas é fazendo as pequenas coisas que ele abre a porta. É crucial que entenda isso, pois homens fazem coisas especiais e depois se sentem frustrados quando sua parceira reclama que não estão fazendo o bastante. Eles podem ter feito algo ótimo, como levá-la para um programa especial, que, em termos de testosterona, marca uma centena de pontos. Para elas, um programa bem-sucedido pode ter representado apenas três ou quatro pontos. Mais tarde, quando elas reclamam que eles não passaram tempo suficiente juntos, eles concluem que elas são exigentes demais, ou que não há nada que eles façam que as deixem felizes.

> Os homens negligenciam as pequenas coisas que podem acumular grandes pontos com Vênus.

Em Vênus, é a intenção que conta. Apenas se oferecer para fazer algo lhe dá um ponto antes mesmo que você o faça. Em vez de apenas aumentar a temperatura do aquecedor em minha casa, eu primeiro digo à minha esposa: "Está um pouquinho frio. Você quer que eu aumente a temperatura do aquecedor?" Numa só tacada ganho três pontos: um por notá-la e pensar nela, outro ponto por oferecer algo que não me foi pedido, e mais um ponto por aumentar a temperatura do aquecedor. Ao entender como marcar pontos com Vênus, o homem pode, facilmente, dissipar o estresse e deixar sua parceira feliz.

Se realmente quero aumentar meus pontos, eu me ofereço para acender a lareira para uma noite romântica. Então, ganho mais pontos: um ponto extra por sair no frio e pegar lenha, outro por carregar a lenha, e um ponto por acender o fogo. Em vez de fazer um fogo volumoso, eu faço um foguinho. A cada vez que me levantar e acrescentar uma tora, eu ganho um ponto por notar; depois, outro ponto por acrescentar a tora.

De forma semelhante, os homens ganham pontos por ouvir. Cada vez que ela cobre um assunto sem que ele a interrompa com uma solução, ele ganha um ponto. Em dez minutos de conversa ele pode facilmente ganhar dez pontos. Esses pequenos atos podem reduzir o nível de estresse dela e fazer com que ela deixe de se sentir bem e passe a se sentir ótima. Ao mesmo tempo, ele estará provendo a ela uma forma de fazê-lo se sentir como se tivesse realizado algo.

Quando um homem traz uma dúzia de rosas para sua parceira, ela gosta, mas isso só dá a ele dois pontos: um ponto por fazer isso sem que ela tivesse que pedir e outro pelas rosas. Se ele quer marcar mais pontos, em vez de trazer uma dúzia de rosas de vez em quando, pode trazer uma rosa doze vezes. Dessa forma, ele marca vinte e quatro pontos, em vez de dois.

---

Para marcar mais pontos, em vez de trazer uma dúzia de rosas de vez em quando, o homem pode trazer uma rosa doze vezes, e marcar vinte e quatro pontos.

---

Ao aprender a marcar pontos com Vênus fazendo as pequenas coisas, os homens podem, na realidade, fazer menos e causar um impacto maior. Quando ela reclama sobre tudo o que tem a fazer, em vez de assumir as responsabilidades dela, ele pode se concentrar em fazer diversas pequenas coisas que irão ter uma grande diferença, em vez de coisas grandes. Ele não precisa resolver os problemas dela; em vez disso, só precisa se concentrar nas pequenas coisas que estimulam a oxitocina.

### Formas para que ele encha
### o tanque dela de oxitocina

Os homens ganham mais pontos por dar abraços do que por ser bons provedores. Quando descobri esse sistema de pontuação, comecei a dar quatro abraços por dia em minha esposa: um logo que eu a via pela manhã, outro quando me despedia, um quando voltava e outro antes de ir para a cama. Por encontrá-la para dar os abraços, eu ganho um ponto extra por vez. Marco oito pontos apenas por dar quatro abraços. Ao demonstrar algum interesse em fazer algumas perguntas sobre seu dia, posso facilmente ganhar mais dez pontos. Toda vez que pergunto algo com interesse no que ela estava fazendo, marco um ponto. O homem ganha mais pontos quando suas perguntas são específicas. Em vez de dizer "Como foi seu dia?", perguntar "Você conseguiu o que queria depois da reunião de marketing?" demonstra um envolvimento verdadeiro. Ele sempre ganhará ponto por demonstrar interesse sobre o dia dela, mas quando faz perguntas específicas, por exemplo, como foi a consulta médica, ou como foi a negociação durante o almoço, ganha mais pontos por saber o que está se passando na vida dela e por ser mais interessado no desfecho. Se ele telefonar durante o dia para perguntar como transcorreu algo, ganha ainda mais pontos.

> O homem ganha mais pontos quando suas perguntas são específicas, em vez de genéricas.

Como já mencionei, somente por ouvi-la falar sobre sua lista interminável de tarefas, sem tentar resolver ou minimizar seus problemas, o homem marca muitos pontos. Cada vez que ela fala sobre um novo assunto e não é interrompida, ele ganha um ponto. Quanto mais tempo ela falar, mais pontos ele ganha.

Levá-la para viajar nas férias certamente vale alguns pontos; porém, planejar as férias românticas com antecedência ganha mais porque ela tem mais tempo para se preparar e imaginar o quanto será maravilhoso. Mesmo antes de irem, a cada vez que ela falar a respeito com uma amiga, ela dá um ponto a ele. Todas as vezes que ela for fazer compras para se preparar para a viagem, ele ganha um ponto. Ele pode obter trinta pontos antes de partirem. Se eles tirarem muitas fotos, quando ela vir as fotos com as amigas, depois da viagem, ele ganha pontos à medida que ela lembrar do que aconteceu.

Outra forma simples de ganhar pontos é encontrá-la primeiro, ao chegar em casa, ou parar o que estiver fazendo quando ela chega mais tarde, e saudá-la com um abraço. Ele ganha um ponto pelo abraço, outro pela iniciativa do abraço e, depois, mais um ponto por parar o que estava fazendo e priorizá-la.

---

Quatro abraços por dia é uma forma fácil de ganhar muitos pontos com uma mulher.

---

Essa é a mesma idéia por trás de cortesias comuns, como abrir a porta para as mulheres. Não é que as mulheres não possam abrir portas. Claro que podem. Abrir a porta expressa uma pequena consideração em tornar a vida dela mais fácil. Quando um homem caminha pela rua com uma mulher ao seu lado na parte de dentro da calçada, longe do tráfego, com o intuito de protegê-la, ele ganha um ponto. Toda vez que se oferece para ajudar em uma tarefa difícil, perigosa ou tediosa, ele ganha pontos. Isso não significa que a mulher não deva fazer essas coisas; é apenas uma forma de o homem ganhar mais pontos.

Quando o homem se oferece para carregar pacotes, esvaziar o lixo, tirar móveis do lugar, carregar a bagagem, dirigir o carro, buscar objetos, ou consertar o computador, a eletricidade, o encanamento, isso estimula a geração de oxitocina na mulher. As mulheres tendem a notar todas essas pequenas coisas, que certamente contribuem para que ela se sinta amada e protegida, o que a auxilia a lidar com o estresse.

---

Sempre que o homem oferece ajuda, ele ganha um ponto extra pelo simples fato de oferecer.

---

Se é função dele limpar a garagem, ele ganha um ponto; mas, caso o tanque dela esteja vazio, seu esforço pode passar despercebido. Oferecer ajuda para qualquer atividade doméstica, particularmente quando não é sua "tarefa", irá produzir oxitocina e ele ganhará pontos.

Demonstrar afeição e fazer elogios também são poderosos estimulantes da oxitocina. Quando o homem tira um instante para perceber como sua esposa é bela e a elogia, isso faz uma grande diferença. Ele pode pensar que já fez isso inúmeras vezes, mas a mulher jamais se cansa de ser elogiada. Sempre conta a favor.

> Demonstrar afeição e fazer elogios são
> poderosos estimulantes de oxitocina.

Quando dedica muito empenho a algo, o homem fica muito grato ao ser reconhecido. Similarmente, as mulheres gostam quando o homem percebe seu visual. Ela dedica muita energia para ter uma boa aparência, e é importante que ele perceba e diga alguma coisa. Embora ele possa não ligar para moda, ela liga. Se ele tira um tempo para notar como ela está bonita, isso lhe dá pontos.

Quando ela fala, ele deve esticar a mão, ocasionalmente, e pegar a dela. Esse gesto tão simples e natural vale mais dois pontos. A afeição significa muito para as mulheres, pois é um grande gerador de oxitocina.

## Cem formas para um homem elevar os níveis de oxitocina da mulher

Os homens freqüentemente não têm qualquer pista quando se trata de atender as carências emocionais da mulher. Sem a consciência da importância de atividades geradoras de oxitocina, ele pode começar a pensar que isso é impossível. Com esse novo *insight*, isso se torna muito mais fácil. As pequenas coisas fazem toda a diferença.

A lista de sugestões abaixo dará aos homens algumas idéias de como eles podem promover a geração de oxitocina em suas parceiras. Se ele fizer uma ou duas dessas coisas, notará uma mudança imediata em sua parceira. As mulheres adoram ser louvadas. Quanto mais ele fizer as pequenas coisas, mais diversão eles terão como um casal. O brilho voltará e ele terá conseguido.

1. Faça café ou chá para ela, de manhã, principalmente nos finais de semana.
2. Deixe um bilhete dizendo que a ama.
3. Dê-lhe uma rosa.

4. Note sua blusa nova.
5. Abra as portas para ela.
6. Organize um piquenique surpresa.
7. Sugira uma caminhada.
8. Diga-lhe que ela está linda como no dia em que a conheceu.
9. Abrace-a quando você se levantar.
10. Abrace-a quando você sair.
11. Abrace-a quando você voltar.
12. Abrace-a antes de deitar.
13. Esvazie a lavadora de louça sem que seja pedido.
14. Perceba e elogie quando ela tiver ido ao cabeleireiro.
15. Abra a porta do carro para ela – ao menos, quando vocês estiverem saindo.
16. Providencie os ingressos para um show ou uma peça à qual ela queira assistir.
17. Faça aula de dança de salão com ela.
18. Vá dançar com amigos.
19. Dê-lhe incentivo para ver filmes românticos com as amigas.
20. Contrate um *personal trainer* e faça exercícios com ela.
21. Acenda a lareira num dia chuvoso.
22. Faça um pequeno jardim florido para ela.
23. Dê a ela um canteiro de ervas para a janela.
24. Ofereça-se para ajudar a fazer uma tarefa tediosa na cozinha.
25. Baixe músicas de amor da internet para fazer uma coletânea que ela goste.
26. Vá fazer massagem ao mesmo tempo que ela.
27. Aprenda a fazer massagem nela (sem a expectativa de fazer sexo).
28. Faça massagem nos pés dela quando estiver cansada.
29. Dê a ela a assinatura de uma revista de alguma especialidade.
30. Vá com ela a uma feira de artesanato.
31. Dê a ela um porta-retratos com uma foto de vocês dois para que ela coloque em sua escrivaninha.
32. Tire novas fotografias dela para a sua escrivaninha.
33. Surpreenda-lhe com doces e bolos, ou salada de frutas, para um café-da-manhã de fim de semana.

34. Puxe a cadeira dela em casa e nos restaurantes e conceda-lhe a melhor vista.
35. Dê-lhe um sortimento de cafés e chás.
36. Leve o carro dela para lavar ou lave-o você mesmo.
37. Lave e guarde as panelas e as travessas após uma refeição.
38. Agende uma manicure para ela.
39. Dê-lhe lingerie sexy.
40. Leve-a à feira.
41. Pergunte se ela precisa que você compre algo no caminho de casa.
42. Ofereça-se para fazer o mercado.
43. Ajude a guardar as compras.
44. Diga-lhe que a ama.
45. Leve-a para tomar um sorvete de casquinha numa noite de verão.
46. Dê-lhe um novo romance do escritor favorito dela.
47. Ofereça-se para dobrar a roupa lavada.
48. Providencie uma pequena televisão ou rádio para a cozinha.
49. Dê-lhe uma seleção de essências de aromaterapia para relaxar.
50. Ofereça-se para levar ou buscar a roupa na lavanderia.
51. Dê uma volta de bicicleta com ela.
52. Alugue comédias românticas em DVD.
53. Leve, com as crianças, café na cama para ela.
54. Ponha a mesa se ela estiver fazendo o jantar.
55. Envie um e-mail dizendo que sente sua falta.
56. Leve-a para velejar, fazer canoagem ou ande de barco a remo.
57. Ponha suas meias no cesto de roupa suja.
58. Vá a um museu com ela (após uma boa noite de sono).
59. Sugira levar os pais dela para jantar.
60. Dê a ela belos sabonetes para hóspedes.
61. Jogue tênis com ela.
62. Arrume a cama de vez em quando.
63. Coloque algumas fotos de viagem em porta-retratos, ou faça um álbum *online*.
64. Edite um vídeo de aniversário para cada um de seus filhos.
65. Vá pescar com ela.

66. Dê-lhe uma pulseirinha de berloques de sorte para ir preenchendo a cada evento ou viagens especiais.
67. Leve-a para visitar uma feira de cães.
68. Dê-lhe uma fita de meditação.
69. Pergunte sobre seu dia fazendo referências específicas.
70. Elogie seu maravilhoso bom gosto.
71. Saia com ela para almoçar.
72. Substitua uma lâmpada queimada sem que seja solicitado.
73. Cate as coisas pela casa quando for receber visitas.
74. Vá com ela colher maçãs ou outras frutas.
75. Tenha um dia certo para sair.
76. Leve-a para um passeio espontâneo no campo.
77. Segure sua mão no cinema (não o tempo inteiro).
78. Agradeça-lhe por amá-lo.
79. Jogue cartas com outros casais.
80. Elogie sua culinária.
81. Ouça a secretária eletrônica e anote os recados.
82. Leve-a para visitar uma feira.
83. Faça um brinde com ela antes do jantar, independentemente do que estiverem bebendo.
84. Surpreenda-lhe com uma orquídea plantada.
85. Elogie-lhe por administrar tanta coisa e tão bem.
86. Providencie um audiolivro para uma viagem longa de carro.
87. Periodicamente, livre-se de sua pilha de tralha particular ao lado da cama.
88. Ingresse com ela num grupo ou seminário pela internet.
89. Ofereça-se para dar início a uma poupança para uma viagem de sonho.
90. Dê-lhe óleos e sais de banho exuberantes.
91. Grave seus programas favoritos de TV se ela trabalhar até tarde.
92. Dê-lhe cartões ou bilhetes pessoais em ocasiões especiais.
93. Elogie o belo lar que ela criou.
94. Fique responsável por um jantar por semana.
95. Vá escalar com ela numa reserva ambiental.
96. Diga-lhe que ela está bonita ao sair do chuveiro.

97. Leve-a para visitar uma galeria de arte.
98. Leve-a a uma limpeza de pele.
99. Peça uma lista de tarefas do lar e consertos que você pode fazer para ela durante o mês.
100. Ofereça-se para providenciar a bebida quando receberem convidados.

Depois de revisar essa lista, você sem dúvidas será capaz de acrescentar mais coisas que darão certo para sua parceira. Divirta-se. Lembre-se, nada é pequeno demais.

## As nuances do sistema de pontuação das mulheres

Ao mesmo tempo que a mulher está mantendo o placar de seu parceiro, ela mantém o de seu próprio comportamento. Às vezes, o homem sente que não consegue fazer diferença, pois sua parceira sente que obteve mais pontos que ele. Ela imagina: "Eu faço mais que ele, portanto, seus pontos não contam." Isso geralmente acontece quando o placar está em torno de trinta e três a três.

Conforme mencionado antes, ele começa com três pontos por ir para o trabalho, voltar para casa e ser fiel. Ela dá a si mesma os três pontos e mais trinta por fazer tudo em sua lista interminável de tarefas, que o inclui. Todas as vezes que cata algo dele, ela dá um ponto a si mesma. Quando faz uma refeição que ele goste, dá um ponto a si mesma. Até quando se preocupa com ele, ela dá um ponto a si mesma. As mulheres são especialistas em acompanhar a pontuação.

Até o final do dia, se já tiver marcado trinta e três pontos e ele permanecer com seus básicos três, ela inconscientemente registra um novo placar. Ela subtrai a pontuação dele da sua, para obter um novo placar. Trinta e três pontos menos seus três pontos é igual a zero, o novo placar. Quando ele entra, ele é um zero. Quando a mulher está no modo contagem, costumo chamar isso de *gripe do ressentimento*. Ela sente que o empenho para apoiar um ao outro é desigual.

> Quando a mulher sente ressentimento, ela perde
> a capacidade de reconhecer os pontos do homem.

Se ele não se abater e continuar a fazer as pequenas coisas, o placar se iguala e ela se sente mais ajudada. No entanto, é como se a mente dela mantivesse a contagem. Quando o placar está perto de igualar, ela volta a se sentir maravilhosa.

Depois vem a gripe do ressentimento, uma situação bem mais aguda. Isso ocorre quando o placar está desigual, mas seu poço está perto de esvaziar. Nesse estágio, nada que ele faça faz diferença. Antes que os pontos dele possam ser contados, ela precisa dedicar um tempo para preencher seu poço de oxitocina.

> Quando a mulher está estressada,
> nada que ele faça faz diferença.

Ao sofrer da gripe do ressentimento, ela irá começar a tirar os pontos dele quando ele cometer um erro ou não atender suas expectativas. Quando o poço de uma mulher está quase cheio, é fácil para ela dar ao homem pontos pelas inúmeras formas de ele contribuir em sua vida. Ele pode estar somente sentado no sofá, assistindo ao noticiário, mas ela tem consciência do bem-estar que sente por ele estar ali. Em vez de tirar pontos quando ele comete um erro, ela lhe dá pontos por suas tentativas. Ela era grata por tudo que ele fazia no início e pode voltar a ser assim novamente.

> Quando o poço da mulher está quase cheio,
> ela dá pontos ao homem por ele apenas tentar.

Essa mudança só pode acontecer se ela também estiver fazendo mais para ajudar a si mesma sem esperar que seu parceiro seja a fonte primordial de realização. Os pontos de oxitocina de um homem só podem fazer diferença quando ela estiver tirando um tempo para preencher seu tanque de forma independente de seu parceiro.

---

Um homem só pode prover 10% da realização da mulher. O restante é por conta dela.

---

Outra diferença entre os sexos quanto à marcação de pontos é que o homem se sente ótimo quando está ganhando. Se ele faz mais pontos, fica feliz em sentar e relaxar por um tempo. Quando a mulher tem mais pontos, ela se sente como se estivesse perdendo. Para que vença, ela precisa sentir que está recebendo na mesma proporção que está dando.

## A importância de conversar

Durante os meus trinta anos como consultor, eu observei que, se uma mulher é encorajada a falar sobre todas as coisas em sua lista de tarefas e se seus sentimentos sobre seu dia são ouvidos, o fardo da lista se foi até o fim da sessão. Seu estresse é mais sobre a maneira como se sente do que sobre todas as coisas de sua lista.

Só de falar em tudo o que tem a fazer, ela começa a liberar uma compulsão interna que ordena a fazer mais, sem dedicar um tempo para si mesma. No Capítulo 2, você aprendeu que as mulheres têm mais centros verbais em seus cérebros do que os homens. Durante seu dia de trabalho, se suas palavras são usadas para resolver problemas em vez de compartilhar, então, ela não obterá os níveis de oxitocina dos quais precisa para lidar com o estresse. Os cérebros das mulheres são condicionados para ser mais verbais, e a maneira como elas relaxam é por meio da ternura e amizade. Ao conversar sem resolver nenhum problema, uma mudança profunda ocorre em apenas alguns minutos.

---

Falar sem resolver nenhum problema pode gerar uma mudança profunda.

---

Ela se sente mais feliz e calma conforme seus níveis de oxitocina sobem, mesmo que nenhum de seus problemas tenha sido resolvido ou retirado de sua lista de tarefas.

## Homens são apenas sobremesas

Tirar o tempo para conversar com seu parceiro de uma forma isenta de objetivo pode ajudar muito a reduzir o estresse de uma mulher, mas isso não é o bastante. Precisamos nos lembrar que, nas gerações passadas, muitas horas do dia da mulher eram repletas de atividades coletivas que produziam oxitocina naturalmente. De uma forma mais abrangente, sua própria vida era o curso principal de sua realização, e os sentimentos românticos de seu parceiro eram ocasionais, embora sejam uma sobremesa muito especial. Mesmo quando a mulher trabalhava fora de casa, geralmente tratava-se de uma comunidade de cooperação de mulheres em funções que eram supridoras, como o ensino e o cuidado de crianças e de bebês. Hoje, a maioria das mulheres enfrenta os problemas e os desafios de seu dia de trabalho sem os benefícios supridores de uma tarefa ou um ambiente gerador de oxitocina. Usar o princípio 90/10 e assumir mais responsabilidade por sua felicidade não somente irá libertar a mulher de se ressentir com seu parceiro, mas também irá ajudá-lo a ajudá-la. Dessa forma, tanto os homens quanto as mulheres vencem!

CAPÍTULO 6

# O SR. CONSERTA-TUDO E O COMITÊ DE MELHORIAS DO LAR

A necessidade do homem ficar sozinho e a da mulher de estar junto é algo que está enraizado em nossa constituição biológica. Em meus livros anteriores, rotulei a necessidade do homem de estar só, após regressar do trabalho, como "o tempo na caverna". O homem precisa de seu tempo na caverna para repor seus níveis de testosterona, que estão baixos ao final do dia. Da mesma forma que as mulheres precisam de tempo para conversar, compartilhar e colaborar com o homem, o homem necessita de mais tempo para se recuperar de seu estresse tendo espaço suficiente para fazer coisas sozinho, ou, ao menos, estar no controle do que faz.

Quando reclama do tempo na caverna do homem, ou de sua necessidade de espaço, a mulher não reconhece que essa reclusão é um gerador importante de testosterona. É difícil para uma mulher imaginar a carência de seu parceiro, pois a necessidade que o homem tem de reconstruir seus níveis de testosterona é muito maior do que a dela. Conforme já discutimos, os homens precisam de trinta vezes mais testosterona que a mulher para lidar com o estresse de forma eficaz. O comportamento masculino é alienígena para ela.

---

Os homens precisam de trinta vezes mais testosterona
que a mulher para lidar com o estresse de forma eficaz.

---

No fim das contas, as mulheres buscam diminuir o estresse interagindo com seus parceiros, não se afastando. No entanto, elas também podem utilizar o tempo em que estão sozinhas para dar uma respirada e finalmente ficar livres das pressões diárias de fazer tudo. Enquanto está tirando uma folga, ela deve fazer coisas para suprir a si mesma, que irão elevar seus níveis de oxitocina e possibilitar que ela relaxe. Mas isso nem sempre é fácil de fazer. Para algumas mulheres, apenas pensar em tirar um tempo pode ser sufocante. Elas imaginam o que aconteceria se parassem para sentir o aroma das rosas.

Algumas mulheres, freqüentemente as que trabalham em lugares estimulantes da testosterona, como em bancos, investimentos, direito, ou em posições executivas, sentem necessidade de um tempo na caverna, assim como os homens. Elas são movidas à testosterona durante o período de trabalho e precisam de um suprimento restaurador de seus níveis de testosterona e oxitocina. Precisam de tempo na caverna; mas, ao contrário dos homens, também precisam de tempo para interagir.

> Mulheres que têm empregos de alta geração de testosterona precisam de tempo na caverna, mas também precisam de tempo para interagir.

O estresse contido não somente impede a mulher de se sentir positiva, como também pode restringir sua fertilidade, além de outros sérios problemas de saúde discutidos anteriormente. Eu freqüentemente observei mulheres com problemas de fertilidade porque não lidam de forma eficaz com o estresse de seus empregos movidos à testosterona. Nos últimos quinze anos, a fertilidade das mulheres se tornou uma grande preocupação.

Essas mulheres costumam lidar com o estresse no trabalho tirando um tempo para si, ou fazendo exercícios sozinhas, como correr, mas não fazem a transição reversa para suprir seu lado feminino com os comportamentos geradores de oxitocina. Muitas mulheres inférteis imediatamente recuperaram sua fertilidade simplesmente aumentando comportamentos, terapia e alimentação estimulantes de oxitocina. Para informações sobre como limpar e suprir suas células para promover a geração de oxitocina, você pode visitar minha página na internet www.marsvenuswellness.com.

---

Da mesma forma que as mulheres têm dificuldade em ficar sozinhas quando estão se recuperando do estresse, os homens têm dificuldade em se fazer presentes para os outros.

---

Da mesma forma que as mulheres têm dificuldade em ficar sozinhas quando estão se recuperando do estresse, os homens têm dificuldade em se fazer presentes para os outros. As mulheres gostam de se entrosar ao final do dia, mas essa ligação não tem efeito para um homem, exceto drenar o restinho de energia que ainda tem. O desejo que ela tem de compartilhar e estar junto contribui muito pouco para que ele diminua seus níveis de estresse; porém, uma vez que seu estresse tenha sido aliviado, sua maior realização vem de compartilhar, interagir e fazer a diferença.

## O Sr. Conserta-Tudo no trabalho

Os homens são naturalmente motivados a se comunicar de maneiras que reduzam seus níveis de estresse. Eles não fazem idéia de que esse mesmo estilo de comunicação pode aumentar o nível de estresse da mulher. Para aliviar o estresse, o homem tende a resolver o problema ou, de alguma forma, subestimá-lo. A mulher busca uma resposta mais terna e encorajadora. Ele acha que está apenas expressando sua opinião para ser útil, enquanto para ela ele está sendo frio e insensível, ou simplesmente não entende o que ela está dizendo. Vamos olhar isso de forma prática.

Abaixo temos uma lista de exemplos de como os homens menosprezam os problemas sobre os quais a mulher fala, ou tentam consertá-los:

- ❖ "Não se preocupe com isso."
- ❖ "Isso é o que você deve fazer..."

- "Apenas deixe para lá."
- "Isso não é importante."
- "Não foi isso que aconteceu."
- "Não é isso que ele quer dizer."
- "Você espera demais dele."
- "Você tem que aceitar as coisas da forma como elas são."
- "Não fique tão aborrecida com isso."
- "Não deixe que falem com você assim."
- "Você não precisa fazer isso."
- "Apenas faça o que quer fazer."
- "Não deixe que a aflijam assim."
- "É simples, apenas diga a ele..."
- "Tudo o que você tem a fazer é..."
- "Esqueça. Você fez tudo o que pôde."
- "Não é tão importante."
- "Olhe, não há mais nada que você possa fazer quanto a isso."
- "Você não devia se sentir desse jeito."
- "Você tem que ser mais casca grossa."

Em Marte, esses pequenos comentários ajudariam; porém, em Vênus, podem ser insultantes. Se ela estiver num modo de funcionamento de resolução de problemas, qualquer dessas afirmações pode ser útil; mas, se estiver chateada e buscando ajuda, pode se sentir menosprezada.

Simplesmente ouvir e fazer mais perguntas seria uma reação masculina melhor. Em vez de comentários inspirados em soluções, ele pode simplesmente emitir sons tranqüilizadores, como demonstra o exemplo a seguir:

> *Julie despenca no sofá ao lado de seu marido, Ted, e chuta os sapatos. Ele abaixa a revista que está lendo.*
> — Oi, meu bem. — *Ele passa o braço ao redor dela.* — Então, como foi sua negociação?
> — Não dá para ver? — *Ela se encosta a ele.* — Sinto-me arrasada!
> — O que houve?
> — Bem, meu chefe ficava me interrompendo com perguntas...

— *Hum.*
— *Eu até tinha as respostas e tudo o mais, estava superpreparada.*
— *Você é tão durona — ele a incentiva.*
— *Mas o Simon quebrou o ritmo da minha apresentação — continua ela.*
— *Acho que perdi o impacto.*
— *Mesmo? – pergunta Ted.*
— *Bem, eu me senti perdendo o fio da meada. Sempre que a coisa estava engrenando, Simon acrescentava algo, como se estivéssemos competindo, não trabalhando juntos. Foi frustrante.*
— *Aposto que sim.*
— *Eu ia confrontá-lo a respeito, mas achei melhor me acalmar primeiro.*
— *Fez bem.*
— *E, na verdade, ele me elogiou para os clientes.*
— *O que seus colegas acharam?*
— *A Nichole veio até o meu escritório depois e disse que percebeu, mas que Simon ficou com cara de idiota. Bob só me parabenizou pela boa apresentação.*
— *Você é tão profissional, e muito bonita também.*
*Julie ri.*
— *Obrigada, Ted. Você também é bem bonitinho...*

Embora cada célula de seu corpo queira oferecer uma solução ou fazer uma observação emocional, Ted está fazendo a coisa certa. Ele apenas respira fundo e, de algumas maneiras, diz: "Conte mais."

---

Quando cada célula de seu corpo quiser oferecer uma solução, o homem tem de respirar fundo e dizer: "Conte mais."

---

É essa força estável, atenção e foco no que ela está dizendo e sentindo que irá diminuir seu estresse. Agir como o Sr. Conserta-Tudo, dando soluções ou minimizando o problema, não ajuda. Quando se compreendem nossas diferentes reações ao estresse, pode-se ver por que as inúmeras tentativas como o Sr. Conserta-Tudo falham.

As mulheres admiram um homem que consegue ficar tranqüilo e calmo. Elas também ficam contentes quando os homens consertam as coisas. No entanto, quando o homem oferece logo seus préstimos para os problemas que ela teve durante o dia, a mulher interpreta esse empenho como uma subestimação de seus sentimentos. Ela só precisa que ele ouça e faça mais perguntas. Quanto mais se sentir ouvida e compreendida, melhor ela se sentirá.

## Quando se trata de pequenas tarefas domésticas, os homens são velocistas

Quando o Sr. Conserta-Tudo realmente tem de fazer as coisas em casa, é melhor deixá-lo trabalhar sozinho, em seu próprio ritmo. Como já mencionei, os homens são mais adaptáveis a tarefas geradoras de testosterona. Em lugar das tarefas rotineiras, os projetos tendem a estimular mais a testosterona. Quando se trata de deveres domésticos, o homem pode fazer um projeto em seu próprio tempo. Ele tem um começo e um fim claramente definidos. Por isso o torna gerador de testosterona, e o homem não se sente como se estivesse sendo direcionado ou gerenciado por sua parceira. Mais importante, ele não tem de depender dela para tomar decisões. Estar fora do controle de um projeto pode esgotar as energias de um homem. Ele não precisa controlá-la, apenas precisa estar no controle do que estiver fazendo. Essa é outra forma da necessidade de espaço do homem, espaço para fazer as coisas sozinho.

Às vezes, o homem irá gostar de atividades de cooperação, geradoras de oxitocina, mas essas claramente não elevam seus níveis de testosterona. Muitos homens tendem a perder o interesse e a energia enquanto estão realizando as funções domésticas rotineiras geradoras de oxitocina, como cuidar da roupa, fazer compras, cozinhar e limpar. Quando assumem uma dessas atividades supridoras e geradoras de oxitocina, eles irão realizá-la de um modo mais produtor de testosterona e, de alguma forma, assumir a liderança, ou pelo menos ter um papel específico.

Quando eu e minha esposa vamos fazer compras no hortifruti, tenho a minha função definida – pago cada vendedor, empurro o carrinho e carrego as sacolas pesadas. Da mesma forma, quando ajudo com a louça, gosto de ficar na pia e lavar os pratos, enquanto os outros os trazem, guardam e limpam a mesa. Quando tenho algo claro a fazer, sem ter muitas decisões a tomar que envolvam minha parceira, sou mais energizado. Ter de perguntar à sua parceira se é para guardar a comida ou lembrar onde ela guarda cada coisa pode ser exaustivo para o homem que gosta de fazer as coisas sozinho, principalmente se ele já estiver cansado.

---

Quando tem algo claro a fazer, sem ter muitas decisões a tomar que envolvam sua parceira, o homem é energizado.

---

Os homens geralmente ficam muito felizes em fazer todas as coisas que não são supridoras. Eles ficam basicamente felizes em consertar o que está quebrado. "Consertar" é gerador de testosterona, enquanto suprir gera oxitocina. Outras atividades domésticas geradoras de testosterona são montagem, manuseio e operação dos diversos equipamentos da casa, dirigir em viagens longas, assim como assumir tarefas específicas, levar as crianças aos lugares de carro, buscá-las, manter a garagem e o quintal, esvaziar o lixo e fazer outras tarefas sujas, carregar caixas pesadas, entrar com as sacolas do mercado, cortar a grama, consertar as calhas, pintar, consertar o encanamento, colocar os objetos de volta ao lugar após uma inundação ou um desastre, lidar com vazamentos, emergências e checar se há algo lá fora, quando houver perigo. É importante que as mulheres reconheçam que esses são tipos de coisas que ela sempre pode pedir que ele faça; o farão se sentir mais ligado a ela quando for bem-sucedido em realizá-las, e ela ficará grata por sua ajuda.

Quando uma mulher quer que um homem compartilhe das responsabilidades domésticas, isso pode acontecer, mas não parecerá da mesma forma como a mulher faria. As mulheres instintivamente querem compartilhar o processo e tomar a decisão em conjunto, mas os homens terão uma necessidade muito maior de espaço para fazer as coisas da sua forma e ao seu tempo. As mulheres não compreendem isso, pois têm um senso de tempo e prioridade diferente dele. Para ele, descanso e relaxamento são quase tão importantes quanto tarefas rotineiras. A rotina pode ser adiada até que se torne mais emergencial, segundo sua opinião. Ele reage bem ao conserto das coisas, ou para dirigir aos lugares, pois essas geralmente são pequenas emergências que estimulam mais energia em seu cérebro para que ele entre em ação.

---

Quando o homem ajuda na casa, não parece
da forma como a mulher faria.

---

Um homem geralmente ficará feliz em assumir projetos, lidar com solicitações imediatas e dar ajuda específica para deixar uma mulher feliz, particularmente quando ela tiver um problema ou se estiver cansada demais para fazer algo. Esperar que ele ingresse na atividade ou compartilhe com ela diariamente as tarefas rotineiras como um ajudante acabará por exauri-lo. Nesse sentido, somos muito compatíveis. Pequenas emergências e desafios podem dar energia ao homem, enquanto esgotam a energia da mulher.

---

Quando se trata de trabalho doméstico, pense no homem como
um velocista, e não como um corredor de longa distância.

---

O homem se orgulha de fazer as coisas por sua conta. Esse é o motivo pelo qual ele geralmente não pede ajuda imediata. Prefere dirigir durante uma hora a pedir informações para provar que pode resolver o problema sozinho. Oferecer uma ajuda não solicitada a um homem pode, às vezes, ser irritante ou até insultante. Os homens podem interpretar sugestões inocentes como atitudes rabugentas, quando as mulheres estão apenas tentando ajudar.

## O Comitê de Melhorias do Lar

As mulheres tendem a pensar que estão dando apoio os homens quando ajudam sem serem solicitadas, já que se sentem satisfeitas quando os outros lhes oferecem ajuda. As mulheres esperam por isso. Ajudar é uma forma de passar mais tempo juntos, interagindo, colaborando. Todas essas atividades reduzem o nível de estresse da mulher, mas não o do homem. As mulheres têm o prazer de se oferecer para ajudar na cozinha ou na limpeza após a refeição. Realizar tarefas conjuntas é o que elas fazem.

Quando uma mulher ama um homem, seu desejo de ajudar se estende a ele. Ela quer ajudá-lo a alcançar seu potencial pleno. Pode ficar tão empolgada quanto a essa parceria e essa nova oportunidade que forma um Comitê de Melhorias do Lar e visa aprimorá-lo. Assim como os homens tendem a ter uma abordagem do tipo Sr. Conserta-Tudo, as mulheres são inclinadas a ter um gene do Comitê de Melhoria do Lar.

Esse não é o tipo de atenção que o homem quer, mas ela pensa que está sendo amorosa. Seus hormônios supridores estão em ação. Fazer algo por sua conta produz testosterona; fazer as coisas em conjunto produz oxitocina. "Eu fiz" produz testosterona, enquanto "nós fizemos" produz oxitocina. Os homens podem interpretar o Comitê de Melhorias do Lar como algo rabugento, quando a mulher está apenas tentando ajudar.

## Quando o Comitê de Melhorias do Lar focaliza ele

Aqui estão alguns exemplos de atitudes do Comitê de Melhorias do Lar da mulher:

- ❖ "Você vai usar essa gravata?"
- ❖ "Você comeu hoje?"
- ❖ "Você falou com seu advogado sobre isso?"
- ❖ "Por que você precisa comprar um novo?"

❖ "Quando você vai guardar isso?"
❖ "Não está na hora de cortar o cabelo?"
❖ "Você deveria comprar camisetas novas. Essas estão furadas."
❖ "Você deveria ir mais devagar, vai ganhar uma multa."
❖ "Quando é que você vai arrumar esse escritório? Não sei como consegue trabalhar aqui."
❖ "Como você consegue pensar com essa música tão alta?"
❖ "Você vai guardar isso?"
❖ "Quando você vai aparar a grama?"
❖ "Da próxima vez, devemos ler as críticas."
❖ "Você lavou as mãos?"
❖ "Você já comeu uma sobremesa."
❖ "Você não está descansando o suficiente."
❖ "Você deveria planejar com mais antecedência."
❖ "Você se esqueceu de devolver o DVD. Talvez, se o colocar aqui, você se lembre."
❖ "Lembre-se de fazer reserva."
❖ "Seu armário está uma bagunça. Quando você vai arrumar?"

Uma forma melhor de apoiar o homem é dar a ele bastante espaço para fazer as coisas como quiser. Em vez de buscar meios de mudá-lo e melhorá-lo, procure coisas que ele faça certo e o valorize. Quando uma mulher reconhece o que o homem fez, ajuda a reconstituir seus níveis de testosterona. Só o fato de regressar ao lar para uma mulher que é grata por seu apoio ajuda o homem a relaxar e recuperar suas energias.

Aqui está um cenário ideal:

— *Fico contente que você tenha conseguido chegar em casa numa hora decente.* — *Becky beija o marido, ao pendurar seu casaco.* — *Você tem trabalhado tão duro.*

— *Oi, benzinho, estou acabado.*

— *As terças-feiras são sempre difíceis. Por que você não relaxa e eu vou esquentar a sopa que você comprou ontem à noite, quando chegou tarde. Também vou fazer uma salada.*

— *Parece ótimo. Só quero ver os resultados dos jogos na ESPN.*

— *Pode ver com calma. Apenas me fale quando estiver pronto para comer. Vou deixar a sopa em fogo baixo e a salada na geladeira.*
— *Está bem.*
Ted afrouxa a gravata.
— *Acho que vou usar a fita de ioga que a Sally me emprestou. Tem uma seqüência de relaxamento que pode ser útil para mim agora.*
— *Fico feliz em ver que você esteja tirando um tempo para você. Você é ótima.*

Nesse cenário, Becky permite que Ted vá para sua caverna, demonstrando estima pelas coisas grandes e pequenas que ele faz, e consegue inserir uma atividade geradora de oxitocina para ela.

## Os homens e as compras

A necessidade do homem de espaço e a da mulher de tempo demonstram claramente nossos comportamentos distintos quanto a fazer compras. Fazer compras, principalmente de sapatos e outros acessórios, geralmente reduz o nível de estresse da mulher. Olhe para o armário de uma mulher e você verá fileiras de sapatos das mais variadas cores, para cada estação, estado de espírito, roupas. As cores dele para esta estação e todas as outras são preto e variações do marrom.

Observe um homem no shopping center fazendo compras com a esposa. Ele está se arrastando com ela, torcendo para que o evento finalmente termine, procurando um banco, enquanto sua parceira está passeando alegremente, sorrindo, olhando à esquerda e à direita, vendo tudo, pesquisando todas as modas recentes e descobrindo o que há de novo para decorar sua casa ou auxiliar seus filhos, um membro da família ou um amigo. Todas essas atividades estimulam a produção de oxitocina. Embora isso reduza o nível de estresse dela, não faz nada por ele. A não ser que passe logo por uma Starbucks ou uma loja da Victoria's Secret, ele pode morrer ali mesmo.

> Homens fazendo compras com suas parceiras podem se sentir exaustos como se estivessem vagando pelo deserto.

Os homens fazem compras sozinhos, e gostam disso. Homens podem ser obcecados por carros, eletrônicos e equipamentos. A diferença é que fazem compras de formas estimulantes da testosterona. O homem precisa ter um destino ou objetivo claro. Saber para onde vai e o desfecho desejado é algo muito importante para ele. Quer entrar e sair o mais rápido possível. Ele é um homem em missão.

Às vezes, os homens lidam com o estresse saindo e gastando dinheiro. Fazê-lo aumenta sua testosterona, pois sua capacidade de gastar geralmente é um sinal de competência e poder. A mulher se beneficia de uma forma diferente. Ela pode usar as compras para lidar com o estresse porque isso é uma atividade supridora. Contanto que ela tenha tempo para fazer compras, suprir a si mesma pode ser um ato tão gerador de oxitocina quanto suprir os outros. Ao dedicar um tempo para fazer compras, ela pode gradualmente sair do estágio em que pensa nos outros e começar a pensar em seus próprios desejos e necessidades.

As mulheres são, de longe, as maiores consumidoras, responsáveis por 70% de todas as aquisições. Gostam de economizar dinheiro, mas também gostam de gastá-lo. Algumas mulheres ficam ofendidas quando eu menciono a importância de fazer compras como um aliviador do estresse. Até para elas, fazer compras pode ser uma ótima terapia geradora de oxitocina. Para que as compras sejam uma atividade redutora do estresse, elas precisam de tempo para isso e ir com uma amiga mais experiente que goste muito da atividade.

Como são moldadas para ser supridoras, as mulheres podem ter dificuldades em considerar suas próprias carências. O estímulo visual de tantas coisas para comprar gradualmente aumenta seu desejo por ter mais, e isso pode ajudá-las a sentir suas próprias necessidades novamente como uma prioridade.

> Para que as compras sejam uma atividade redutora do estresse, a mulher precisa arranjar tempo para isso e ir com uma amiga mais experiente que goste muito da atividade.

Não encontrar o que estava procurando não gera estresse na mulher, pois ela agora tem um motivo para ir às compras novamente. Quando um homem faz compras, ele está caçando. Ele quer entrar e sair. Quando uma mulher faz compras, é um tiro no escuro. Ela está simplesmente coletando o que está disponível. Pode voltar depois, para comprar algo em liquidação ou quando for a época. Até nossos hábitos de compras refletem nossos papéis pré-históricos como caçadores e coletores.

Quanto mais entendemos nossas diferenças, mais fácil fica para os homens e mulheres se entrosar e reduzir os atritos entre eles. Em vez de esperarmos que nossos parceiros pensem como nós, somos capazes de pensar no que é melhor para eles. Esse é um processo interminável.

Muitas pessoas me perguntam se compreendo as mulheres inteiramente, e eu tenho de ser honesto e dizer que esse é um processo de descoberta em andamento. Ninguém acerta sempre. Quando tentamos dar aos nossos parceiros o respeito que merecem, nossas vidas ficam repletas de um sentimento de propósito e significado. Em resumo, nenhum sacrifício é grande demais se parece certo a nossos corações.

CAPÍTULO 7

# A ANATOMIA DE UMA BRIGA

A razão número um por que os casais brigam é o fato de estarem lidando com muito estresse. Quando nossos corpos e nossas mentes estão sob estresse, nos tornamos mais voláteis. Não é preciso de muito para nos fazer explodir. Os ânimos se agitam e partimos para o ataque no modo de funcionamento "brigar ou voar", com adrenalina e cortisol liberados em nossos corpos. Sem um entendimento de nossas reações ao estresse, Marte e Vênus seguem rumo à colisão.

Nossas diferenças em lidar com o estresse contribuem para a situação e a intensificam. Quando uma discussão inflamada está começando, as mulheres tendem a explicar suas idéias, sentimentos e reações com uma variedade abrangente de tons emocionais. Os homens se apressam em resolver o problema, expressando suas soluções de uma forma simples e distante. As mulheres são condicionadas a fazer perguntas e falar, enquanto os homens são construídos para a ação. Para eles, elas podem facilmente parecer excessivamente emotivas, insensatas e exigentes, enquanto eles podem parecer arrogantes, virtuosos e insensíveis para elas.

---

As mulheres são condicionadas a fazer perguntas e falarem, enquanto os homens são construídos para a ação.

---

Essas reações naturais dão certo com membros de nosso próprio sexo, mas podem provocar o sexo oposto quando discordamos. Em vez de sermos gentis e cuidadosos um com o outro, freqüentemente descarregamos nossas frustrações sobre outras coisas, ao encontrar uma falha, e somos impacientes, irritáveis ou intolerantes. Neste capítulo, examinaremos as razões por trás de uma briga e a dinâmica de como um argumento toma vulto até virar uma batalha.

## Por que brigamos

Os casais comumente discordam, discutem ou brigam por causa de dinheiro, agendas, responsabilidades domésticas, seus papéis como pais e sexo. Em cada caso, após alguns minutos de discussão, passamos a brigar pela maneira como brigamos. É nessa mudança que fica o problema. Em vez de nos mantermos nos trilhos, focando um único assunto da disputa, transformamos nosso parceiro no problema a ser resolvido. Nós nos afastamos da questão e nos opomos aos nossos parceiros pela forma como se colocam sobre o assunto da discórdia.

> Mantermo-nos no assunto é uma das formas mais importantes de evitar brigas, assim como de resolver o conflito.

Ao brigarmos, perdemos a visão do problema. Homens e mulheres fazem isso de maneiras distintas. Um homem tende a transformar a reação da mulher no problema do problema. A mulher transforma a reação do parceiro aos seus sentimentos no problema. Sob estresse, as emoções da mulher ficam mais próximas de aflorar. Um desentendimento pode evocar uma reação emocional forte. Seu parceiro acha que ela está reagindo excessivamente, ficando totalmente aborrecida. A reação dele serve para intensificar a raiva dela. Num piscar de olhos, eles saíram do assunto e seguem rumo a uma briga.

A certa distância, a dinâmica é óbvia, mas quando estamos envolvidos não percebemos o que aconteceu. Se você não tem consciência dessa dinâmica, romper esse padrão é como tentar sair da areia movediça. Quanto mais se esforça, pior fica, como demonstra o exemplo a seguir:

Alexis e Richard estão lendo o jornal durante o café-da-manhã de sábado. Aléxis está planejando ir para o escritório ao terminarem.

— Olhe esse modelo de carro híbrido — diz Richard, segurando o jornal para que ela veja.

— Você está pensando em comprar um carro novo? — pergunta ela, com um toque de ansiedade que Richard percebe.

— Talvez — ele responde. — Esse aqui é realmente um bom negócio.

Por um momento, ela olha vagamente para ele, depois o desafia no mais sutil dos tons:

— O que há de errado com nosso carro?

— Estou pronto para algo novo. — Ele dá uma mordida no croissant.

— Não me sinto bem quanto a isso. — Ela sacode a cabeça e sorri.

— Nós não guardamos dinheiro algum este ano.

— Não se preocupe com isso.

— O que quer dizer com não se preocupe com isso? — Alexis fica irritada e dá uma guinada emocional que insulta Richard. — Alguém tem de se preocupar com nossa aposentadoria.

A essa altura, eles mudaram de rumo. Ele fez o comentário marciano "Não se preocupe com isso" e ela ficou chateada com ele. Ela se sente subestimada, como se o que ela diz não importasse. Seu comentário emocional sugere que ele não esteja preocupado com a aposentadoria, nem esteja sendo um bom provedor. Agora eles estão prontos para uma briga.

— Eu trabalho duro — diz Richard, tornando-se agressivo — e mereço um carro novo.

— Mas nós também precisamos pensar em guardar dinheiro. — Ela está pronta para partir para o ataque, transferindo o problema para ele. — Não posso acreditar como você é teimoso.

— Não sou teimoso — ele responde, como fazem em Marte. — Você está fazendo tempestade num copo d'água.

— Não estou. Você só pensa em você mesmo. — Alexis ficou ainda mais crítica.

Essa briga só vai crescer. Quanto mais tempo eles falarem, mais irá demorar para fazerem as pazes. Tudo isso pode ser evitado ao aprenderem as técnicas para uma comunicação melhor. Os homens precisam evitar comentários que corrijam os sentimentos das mulheres e elas precisam evitar comentários reprovadores sobre os pensamentos e ações deles.

> Os homens precisam evitar comentários que corrijam os sentimentos das mulheres e elas precisam evitar comentários reprovadores sobre os pensamentos e ações deles.

## Por que as discussões aumentam

As discussões geralmente aumentam quando o homem involuntariamente invalida os sentimentos da mulher e ela tende a reagir de forma reprovadora. Quando ele não tira um tempo para respaldar os sentimentos dela, ela acha que ele não se importa. À medida que ela segue na ofensiva, sem confiar nele, ele se torna mais defensivo. Em vez de se unirem, eles se afastam mais. Essa dinâmica se intensifica ainda mais quando estamos cansados e pilhados. O estresse nos predispõe à hipersensibilidade e à atitude defensiva.

Nosso tom tem um peso até maior do que as palavras que usamos. Quando discute, o homem foca mais em estar certo e oferecer soluções, e seu tom pode parecer distante, como se não se importasse. Na maioria das vezes, ele se importa com os desejos e as necessidades da parceira, mas seu tom distante não transmite esse interesse. Quando ele desacelera e passa mais tempo ouvindo o ponto de vista dela, esse conflito pode ser minimizado.

Quando uma mulher discute, ela foca mais em compartilhar seus sentimentos e fazer perguntas. O tom dela começa a soar desconfiado, com uma crítica direta. Na verdade, na maioria das vezes, ela confia na intenção do parceiro de ajudar, mas, para ele, não soa dessa forma. Quando ela dedica um tempo para pulverizar suas afirmações com gratidão pelo que ele diz e faz, essa reação explosiva em cadeia pode ser rompida.

---

Durante as discussões, os homens precisam fazer mais perguntas e as mulheres precisam falar menos sobre seus sentimentos.

---

Vejamos como Alexis e Richard poderiam ter dissipado sua discussão.

– *Olhe esse modelo de carro híbrido – diz ele.*
– *Você está pensando em comprar um carro novo? – ela fala com um tom cauteloso.*
– *Talvez – ele responde. – Esse aqui é realmente um bom negócio. Estou pronto para algo novo.*
– *Eu não me sinto bem quanto a isso. Nós não guardamos nenhum dinheiro este ano.*
– *Estou te ouvindo. – Richard reconhece a preocupação dela. – Podemos nos sentar e discutir os números. Nós podemos conseguir um bom valor na troca do meu carro agora. E o híbrido pode nos poupar muito na gasolina.*
– *Faz sentido. Vamos dar uma olhada no custo – ela cede. – Espero que possamos pagar e guardar algum dinheiro.*
– *Certamente. O que você está dizendo faz sentido – ele concorda. – Mas trabalho duro e adoraria ter um carro novo.*
– *Eu reconheço o quanto você está trabalhando duro. Você merece. – Ela realmente quer vê-lo feliz. – Por que não rabisca uns números hoje, se tiver tempo, e depois me mostra?*

Aqui, a discussão deles toma outro rumo, pois Richard respeita o que Alexis está dizendo e leva suas preocupações em conta. Ela consegue reconhecer todo o trabalho duro dele, e sua natureza altruísta aflora.

Embora os homens devam se abster de dizer às mulheres como elas devem se sentir, elas não devem aumentar a discussão falando demais de seus sentimentos. Fazê-lo resultará em ter seu sentimento invalidado. Em vez de falar sobre como se sente, ela deve continuar falando sobre o problema.

Esse conselho difere do que geralmente se ensina. Em terapias, as mulheres são incentivadas a falar sobre seus sentimentos e examiná-los, o que pode ser muito útil no aumento da conscientização e dos níveis de oxitocina. Mas examinar seus sentimentos não ajuda nas discussões. Relacionamentos não são terapias. Falar de seus sentimentos durante uma discussão é como jogar gasolina no fogo.

---

Nas terapias, somos incentivados a compartilhar nossos sentimentos, mas numa briga isso pode piorar as coisas.

---

Quase todos os especialistas, livros, cursos e seminários sobre relacionamentos incentivam os casais a falar sobre como se sentem. Esse tipo de conselho é amplamente mal interpretado. Falar sobre "sentimentos positivos" é geralmente produtivo. Falar sobre sentimentos negativos pode ser bom quando estamos nos sentindo apoiados, mas os casais raramente se sentem confiantes, reconhecidos e bem considerados em horas de conflito. Uma das maiores causas de brigas é falar sobre nossos sentimentos negativos.

---

As discussões aumentam, se transformando em brigas, quando começamos a compartilhar nossos sentimentos.

---

O conflito rapidamente passa do ato de resolver um problema para o contra-ataque. Quando começamos a apontar o outro como o problema, não conseguimos unir forças para abordar a questão original. Nesses momentos sensíveis, a mulher precisa de mensagens claras de que ele se importa com o ponto de vista dela e o homem precisa saber que ela está aberta para receber seu apoio. No Capítulo 8, eu disponibilizo uma técnica para dissipar uma discussão progressiva ao remover um conteúdo emocional e, no Capítulo 9, ofereço um ritual que pode facilmente ser incorporado à sua vida para permitir que a mulher fale abertamente e com segurança sobre seus sentimentos fora da atmosfera carregada de conflito.

## Nós sempre precisamos ser respaldados

Freqüentemente pensamos que nossos parceiros sabem que nos importamos com eles e os reconhecemos, mas isso é ingenuidade. Da mesma forma que uma planta precisa de mais água num dia quente, os casais precisam dar um ao outro mais respaldo e um apoio emocional maior durante as épocas difíceis e estressantes. É difícil para a mulher permanecer aberta e receptiva quando sente que seu parceiro não se importa tanto com o que ela tem a dizer e ela continua falando porque é condicionada para isso. É difícil para um homem continuar incentivando e tendo consideração quando acha que está sendo visto como o malvado, se está apenas tentando resolver um problema ou querendo ficar só para refletir. Ela quer sentir que tem importância e ele quer se sentir um cara bom.

Uma discussão pode se transformar num desentendimento quando tentamos convencer nosso parceiro de nosso ponto de vista. O que transforma tal discussão numa briga é o fato de esquecermos que nosso parceiro tem a necessidade de ter seu ponto de vista ouvido e respeitado.

---

*Brigamos por nos concentrarmos demais em provar os méritos de nosso ponto de vista e negligenciarmos as necessidades de nossos parceiros de se sentirem compreendidos e reconhecidos.*

---

Homens guiados pela testosterona costumam se apressar para resolver o problema, e as mulheres não se sentem ouvidas. As mulheres tendem a falar mais sobre o problema e não perguntam diretamente o que querem nem sugerem uma solução.

A melhor forma de minimizar as brigas é dedicar mais tempo para comunicar aos nossos parceiros que entendemos e, de alguma forma, reconhecemos o mérito de seu ponto de vista. Uma mulher precisa sentir especificamente que ele reconhece e *compreende* o que ela está dizendo e sua validade. Os homens precisam sentir que elas reconhecem e *prezam o mérito* do que ele está dizendo.

> Para evitar brigas, dedique um tempo para comunicar que você entende a perspectiva de seu parceiro.

Ele está mais preocupado em estar certo, e ela se importa mais com obter o que precisa. Às vezes, é difícil para as mulheres declarar as suas carências. Quando fazem, podem não ter tanto tato ou elegância. Apontar-lhes isso só piora as coisas.

Quando um homem está discutindo, frisar suas fraquezas só o deixa mais na defensiva. Se ela puder dedicar um tempo para reconhecer por que aquilo que ele está dizendo faz sentido, ele ficará mais aberto ao comprometimento.

Ela poderia, por exemplo, dizer a ele: "Isso faz sentido para mim, você está dizendo que...?", ou ele poderia dizer: "Eu acho que entendi. Você está dizendo que...?" Usar um tempo para refletir sobre o que alguém está dizendo, algo facilmente negligenciado numa discussão, é uma das melhores maneiras de garantir que as duas pessoas obtenham aquilo de que precisam.

Ter uma discussão num relacionamento amoroso não é um debate no qual um dos lados esteja tentando provar que está certo e o outro errado. Argumentar não implica no julgamento de que um é bom e o outro é ruim. Não é uma competição que se tente ganhar fazendo o outro perder.

> Discussões podem ser resolvidas quando não são debates, julgamentos ou competições.

Quando temos pontos de vista distintos ou necessidades conflitantes, uma discussão pode dar a impressão de debate, julgamento ou uma competição, o que não é uma tendência positiva. Temos de ficar ao lado um do outro. A necessidade de aumentar o empenho pode ser difícil de se lembrar e executar quando nossos níveis de estresse estão altos.

---
A negociação do conflito não requer apenas amor, mas também flexibilidade.

---

Quando os casais têm pontos de vistas diferentes, a solução pode ser alcançada melhor se forem seguidos esses passos:

1. Dedique um tempo para transmitir que você compreende o outro ponto de vista.
2. Determine qual é a importância dessa batalha específica para você e seu parceiro. Se a questão não for tão significante para você como é para seu parceiro, esteja pronto para resolver o conflito. A sabedoria é abrir caminho para as carências de seu parceiro, quando a questão é muito mais importante para ele e menos para você.
3. Um compromisso é necessário se nenhum dos dois está obtendo aquilo de que precisa.

## Catorze erros comuns que as mulheres cometem numa briga

Levar em conta nossos próprios papéis ao promovermos uma discussão pode dissipar muitas das nossas emoções negativas e nos deixar bem mais dispostos ao comprometimento. As mulheres conseguem reconhecer como contribuem para um conflito olhando a lista de erros comuns a seguir que elas cometem. Essa reflexão foi elaborada para ajudar as mulheres a reconhecer que não são as únicas que estão deixando de receber o que precisam ou merecem. As reações defensivas dos homens irão fazer mais sentido quando as mulheres reconhecerem que também contribuem para uma briga.

1. **Elevar a voz e usar tons emocionais fortes** – acusando, reclamando, debochando, sendo sarcástica. Tente permanecer isenta de emoções.

2. **Usando perguntas retóricas do tipo "Como é que você pôde dizer isso..."** em vez de expressar diretamente o que gostam ou aceitam. Por exemplo: "Eu entendo e concordo, mas..."

3. **Interpretá-lo ao mudar o assunto para os seus sentimentos:** "Eu fico tão zangada quando você..." Numa discussão, é sempre melhor reafirmar o que ele disse: "Você quer dizer que...."

4. **Fazer reclamações generalizadas, em vez de ser específica:** "Você está sempre assistindo à televisão" ou "Nós nunca ficamos juntos". A mulher deve afirmar suas necessidades ao dizer algo como: "Eu adoraria fazer algo especial junto com você", "Vamos dar uma volta na cidade" ou "Vamos planejar um programa para este fim de semana".

5. **Focar nas reclamações, e não perguntar o que ele quer.** Em vez disso, você deve dar ao homem a solução, não o problema: "Eu realmente gostaria de..." ou "Você poderia, por favor...", em vez de "Eu não gosto quando você...".

6. **Esperar que ele reaja como uma mulher, e não como um homem:** "Você está falando com a cabeça, por que não fala de coração?" ou "Por que não se abre para mim?". Esse tipo de afirmação crítica ignora as diferenças entre Marte e Vênus. Reconhecer as diferenças é mais produtivo: "Eu entendo que seja difícil para você falar sobre isso..." ou "Eu sei que você quer resolver o problema...".

7. **Compará-lo a outro, ou como ele era no passado:** "Você era bem mais afetuoso" ou "Ninguém que eu namorei fazia isso". Em vez disso, você deve reconhecer o que ele faz: "Eu adoro quando você..."

8. **Começar uma briga para expressar sentimentos que vêm se acumulando:** "Você nunca ajuda" ou "Você sempre deixa os pratos na pia". No Capítulo 9, você aprenderá a programar uma Conversa de Vênus quando estiver frustrada.

9. **Falar sem parar, impedindo que seu parceiro tenha uma chance de expressar seu ponto de vista.** Esse é obviamente um comportamento venusiano fora de controle.
10. **Esperar que seu parceiro faça com que você se sinta bem, em vez de assumir sua própria responsabilidade:** "Bem, isso não faz com que eu me sinta melhor." Em vez disso, seu impulso deve ser o de ajudar a si mesma: "Eu vou caminhar na esteira para relaxar..."
11. **Demonstrar resistência com seus sentimentos:** "Eu sinto que você..." ou "Você me faz sentir...". Em vez disso, reaja refletindo sobre o que ele disse: "Então, você está dizendo que..."
12. **Levantar velhos problemas para afirmar seu ponto de vista:** "Foi assim que me senti quando você..." Não piore o desentendimento usando uma lembrança emocional como arma.
13. **Não estar disposta a perdoar até que ele mude, peça desculpas ou sofra o bastante.** Entender as necessidades de seu parceiro deve torná-la capaz de ser generosa com seu amor. Esperar que seu parceiro mude antes de abrir seu coração torna mais difícil para seu parceiro fazer uma mudança. Abrir seu coração e pedir o que quer é muito mais eficaz do que esperar, passivamente, que seu parceiro mude.
14. **Fazer exigências, em vez de expressar suas preferências.** "Você tem que fazer desta forma" ou "Você não deveria fazer deste jeito". Em vez disso, você poderia dizer a mesma coisa, como sua preferência: "Eu gostaria que você fizesse isto assim" ou "Desta forma é melhor para mim. Você poderia, por favor, fazer assim?".

Você não precisa esperar até que tenha uma briga para refletir sobre essa lista. Uma forma de evitar brigas é encontrar um tempo quando estiver se sentindo bem quanto a você mesma, ler essa lista e se avaliar. Descubra quais são os maiores erros que comete e imagine uma briga sem cometê-los. Esse tipo de interpretação mental de um papel é muito poderoso. Músicos e atletas usam interpretação mental de um papel para treinar seus subconscientes a fim de agir espontaneamente e reagir de uma maneira específica.

Essa lista ajuda tanto os homens quanto as mulheres. Antes de considerar os erros que cometem quando brigam, é útil para os homens olhar a lista de erros comuns que as mulheres cometem ao brigar. Os homens são mais capazes de assumir responsabilidade por seus erros quando entendem o que se passa fora deles. É como seus cérebros funcionam.

É igualmente importante para as mulheres se familiarizar com os erros cometidos em Marte durante uma briga. Estar ciente da forma como os homens brigam irá ajudar a mulher a validar seus sentimentos e lembrar que esses erros são comuns em Marte. Assim, a mulher não precisa levar o comportamento de seu parceiro para o lado pessoal.

Os homens podem analisar seus sentimentos se conseguem criar, em suas mentes, um quadro nítido do que aconteceu e não deu certo e o que irá funcionar. Essa lista de erros comuns cometidos pelos homens quando brigam reflete do que eles se arrependem ou como poderiam ter feito as coisas diferentes.

## Catorze erros comuns que os homens cometem numa briga

1. **Elevar a voz ou tornar seu tom frio, incisivo ou distante.** Como as vozes dos homens são mais graves do que a das mulheres, sua voz pode parecer ameaçadora e opressiva quando você está zangado. Os homens podem se preocupar tanto em estar certos que não percebem que seu tom pode soar negligente sob o ponto de vista dela. Uma mulher tende a levar esse tom para o lado pessoal, como se ele não ligasse para ela.
2. **Fazer comentários condescendentes** como "Não se preocupe com isso" ou "Você está fazendo uma tempestade num copo d'água". Em vez disso, reconheça os sentimentos dela: "Vejo que você está ansiosa..."
3. **Interrompê-la com argumentos para invalidar os sentimentos dela ou corrigir suas observações:** "Você não deveria se sentir assim" ou "Mas não foi isso que aconteceu". Em vez disso, reflita sobre o que ela disse: "Eu entendo que você pensa que..."

4. **Justificar seus atos, tornando a interpretação dela errada:** "Mas não foi isso que eu quis dizer" ou "Você está com a idéia errada". Em vez disso, mude a forma de expressar seu ponto de vista: "Deixe-me colocar de outra forma..."
5. **Criticar ou subestimá-la ao esclarecer o que você está dizendo:** "Esse não é o ponto" ou "Você não consegue ver...?", ou "Não é óbvio que...?". Reformular o ponto de vista pode ajudar: "O que eu quero dizer é que..."
6. **Expressar frustração com o ritmo da discussão:** "Por que temos que falar sobre isso repetidamente?" ou "Eu já disse que...". Você poderia dizer: "Eu entendo que você precisa absorver o que estou dizendo" e sugerir parar um tempo.
7. **Oferecer soluções, em vez de fazer mais perguntas:** "Você deveria fazer isso..." ou "Tudo o que você tem a fazer é...", em vez de "O que você acha que devemos fazer a seguir?".
8. **Corrigir as prioridades dela, em vez de incentivar seus valores:** "Você não precisa..." ou "Não é importante...". Você poderia dizer: "Eu entendo por que isso é importante para você."
9. **Minimizar os sentimentos dela, em vez de não dizer nada e simplesmente ouvir:** "Você não deveria ficar tão aborrecida" ou "Isso não precisa ser um cavalo de batalha". Na verdade, você não percebe que está fazendo um cavalo de batalha do cavalo de batalha dela. Apenas reconheça seus sentimentos. "Eu vejo como você está chateada..."
10. **Menosprezar os sentimentos dela ao tentar concluir a conversa:** "Já entendi, você quer..." ou "Está bem, eu entendi. Agora podemos esquecer?", ou "Podemos agora deixar isso de lado?". Em vez disso, você poderia dizer: "Acho que entendo. O que você está dizendo é... Está certo?"
11. **Ter de dar a última palavra.** Independentemente do que ela disser, você devolve com algo conclusivo: "Então, mais uma vez, tudo tem de ser do jeito que você quer." É bem mais produtivo refletir sobre o que ela disse e responder algo como: "Eu entendo que você quer..."
12. **Pagar na mesma moeda.** Quando ela reclama, você retribui com mais reclamações sobre ela, querendo dizer que só ela

reclama de tudo: "Isso é verdade, mas..." ou "Isso não é nada, lembra quando você...". Em vez disso, você pode respaldar o que ela tem a dizer: "Nesse caso, eu entendo por que você está aborrecida."

13. **Ceder ao que ela quer com um comportamento demonstrando que ela está sendo insensata ou exigente, ou simplesmente colocando-a no papel de malvada.** "Tudo bem, vou fazer do seu jeito" ou "Está certo, mais uma vez nós vamos fazer do seu jeito". Ao chegar a uma solução, você deve abraçá-la: "Concordo que nós devemos..."

14. **Fazer ameaças, em vez de expressar as preferências.** "Nós provavelmente devemos pensar em pedir o divórcio, se você agir dessa forma." Em vez disso, você pode expressar uma preferência: "Isso é realmente importante para mim. Eu gostaria..."

Embora esses sejam os principais erros cometidos pelos homens durante conversas inflamadas ou brigas, eles também podem recorrer às táticas comumente utilizadas pelas mulheres. É uma tendência do homem enfrentar fogo com fogo. Ele imagina que, "se você quer fazer isso comigo, então, vou devolver isso a você".

Há percalços em todos os relacionamentos, principalmente quando temos de fazer malabarismos com tantas exigências em nossas vidas. Temos tantas coisas acontecendo, em tantas frentes, que pode se tornar difícil estar em sintonia com nossos parceiros. Como você viu neste capítulo, pequenos desentendimentos e decepções podem provocar uma briga vultosa quando nos esquecemos de como nossas diferenças se refletem em nossos comportamentos. O estresse enfatizará nossas diferenças, da mesma forma que nossa tolerância se reduzirá a zero – o cenário perfeito para uma tempestade ou briga.

Você descobriu a anatomia de uma briga – os motivos pelos quais realmente brigamos. Agora, vamos examinar as técnicas para não mais brigar e fazer as pazes.

## Como os homens podem evitar as brigas

Uma das formas mais fáceis para um homem evitar uma briga é se abster de comentários desmerecedores dos sentimentos da mulher. No começo, isso pode ser difícil, pois os homens nem sequer percebem que fazem isso; as palavras que a ofendem, na maioria das vezes, não o ofenderiam. Se um casal se empenha para evitar uma briga, mesmo que acabem brigando, a discussão é menos danosa e eles fazem as pazes com mais facilidade.

### BRIGANDO EM MARTE

| O QUE ELE DIZ PARA PIORAR AS COISAS: | O QUE ELE PODE DIZER PARA MELHORAR AS COISAS: |
|---|---|
| "Isso não faz nenhum sentido." | "Está certo. Deixe-me ter certeza de que entendi. Você está dizendo que...?" |
| "Você está se aborrecendo por nada." | "Sei que isso é chato. Você está dizendo que...?" |
| "Você está exagerando demais." | "Deixe-me ver se entendi corretamente. Você está se sentindo..." |
| "Mas isso é ridículo." | "Isso pode ser confuso. Você está dizendo...?" |
| "Eu não disse isso." | "Então, você me ouviu dizer...?" |
| "Mas não foi isso que eu quis dizer." | "Deixe-me ter certeza de que entendo. Você me ouviu dizer que...?" |
| "Não precisa ser tão difícil assim." | "Acho que entendo. Você está dizendo que... quer..." |
| "Isso não é nada racional." | "Dê-me um instante para entender o que você quer. Você sente que... e merece..." |

*(continua)*

| O QUE ELE DIZ PARA PIORAR AS COISAS: | O QUE ELE PODE DIZER PARA MELHORAR AS COISAS: |
|---|---|
| "Por que temos de passar por isso?" | "Acho que já passamos por isso. Deixe-me ver se entendo corretamente como você se sente. Você..." |
| "Você não entende." | "Deixe-me tentar dizer isso de outra forma. O que estou dizendo é que..." |

Em vez de fazer comentários depreciadores, o homem deve dedicar mais tempo para reformular o que sua parceira estiver dizendo, esclarecendo seu próprio entendimento e comunicando, de maneira eficaz, ter ouvido a opinião dela. Diminuir o ritmo também pode dissipar a tensão acumulada. O objetivo dele não é apenas evitar fazer comentários depreciativos, mas transmitir o que entendeu. Isso irá ajudar a dissipar a tensão dela e também a dele.

---
A função do homem é ouvir e transmitir o que ouviu.
---

Os homens se frustram, pois acham que grande parte da conversa é perda de tempo. Acreditar que não está resolvendo o problema é frustrante e estressante, o que aumenta sua impaciência e sua irritação. Ele é condicionado para resolver problemas de forma eficaz. Agora, com essa nova consciência do que ela precisa, ele pode falar de uma maneira que resolva o problema e diminua a tensão. Ao entender as necessidades diferentes dela, ele irá sentir que conquistou algo e não está perdendo tempo. Em vez de diminuírem, seus níveis de testosterona irão subir.

---
As mulheres adoram ouvir o que disseram sendo refletido de volta para elas.
---

Uma mulher gosta, particularmente, de ouvir que seu parceiro entende seus sentimentos, desejos e carências. Essa técnica pode parecer tediosa para um homem, mas as mulheres gostam. A cada vez que o homem usa essa técnica de comunicação, ela se sente mais compreendida, e ele, bem-sucedido, o que, obviamente, alivia o estresse ao elevar a oxitacina dela e a testosterona dele.

## Como as mulheres podem evitar brigas

Uma das formas mais fáceis para as mulheres evitarem brigar é falar com uma amiga, em vez de seu parceiro romântico, quando algo a está incomodando. Isso lhe dá tempo para classificar seus sentimentos, liberar qualquer negatividade e restaurar níveis saudáveis de oxitocina. A essa altura, ela está mais preparada para perguntar ou negociar o que precisa com maior consideração.

Se está sob estresse, a mulher precisa falar de seus sentimentos e esmiuçá-los, antes de conseguir ouvir o ponto de vista de seu parceiro. Após falar sobre a situação com uma amiga e possivelmente considerar outras perspectivas, ela será capaz de acordos justos. Com um maior entendimento de suas próprias necessidades, ela pode dar mais vazão às necessidades dele. Sob estresse, as mulheres tendem a fazer uma abordagem "tudo ou nada", inclinadas a se render demais, ou exigir demais. Ao se sentir ouvida, a mulher é muito mais capaz de encontrar uma solução equilibrada e duplamente vitoriosa para um conflito iminente.

---

As mulheres podem inflamar a briga ao fazer perguntas demais, ou ao falar demais sobre a forma como se sentem.

---

As perguntas dela tendem a sugerir uma inadequação dele, e, ao falar de seus sentimentos, ela se distancia do assunto.

Em vez de fazer mais perguntas, a mulher tem de dedicar um tempo para repetir o que está ouvindo em suas próprias palavras. Se sua compreensão está errada ou incompleta, ele pode lhe dar mais informação. O homem gosta de ouvir uma mulher reformulando as idéias dele com um toque ligeiramente diferente. Ele fica satisfeito por estar fazendo sentido, ou pelo fato de seu argumento ser legítimo ou correto.

Empenhar-se para brigar de forma justa pode não prevenir todas as brigas; porém, se você mantiver o desentendimento contido, isso resulta numa reconciliação bem mais fácil. A tabela a seguir examina e exemplifica como as mulheres fazem perguntas retóricas envolvendo a incompetência ou a inadequação dele. A segunda coluna lista formas para que ela melhore a comunicação e evite uma explosão.

### BRIGANDO EM VÊNUS

| O QUE ELA DIZ PARA PIORAR AS COISAS: | O QUE ELA PODE DIZER PARA MELHORAR AS COISAS: |
|---|---|
| "Eu me sinto como se você não estivesse me ouvindo." | "Deixe-me recomeçar e dizer isso de outra forma." |
| "Você simplesmente não entende." | "Deixe-me tentar explicar isso de outro jeito." |
| "Como você pôde dizer isso?" | "Então, você está dizendo... O que eu gostaria era que..." |
| "Eu não me sinto como você." | "Eu reconheço que você... O que preciso é que..." |
| "Você se fecha dentro de sua cabeça. Como posso falar com você?" | "Faz mais sentido para mim quando você diz... O que estou dizendo é que..." |
| "Eu não me sinto nem um pouco ouvida." | "Deixe-me dizer isso de forma diferente. Quando... o que eu preciso nessas horas é que..." |
| "Eu não me sinto segura falando com você." | "Deixe-me ter algum tempo para pensar sobre o que você falou, depois nós podemos falar novamente sobre isso." |
| "Como você pôde dizer...?" | "Você está sendo malvado. Vamos falar sobre isso mais tarde." (Depois sair andando.) |

*(continua)*

| O QUE ELA DIZ PARA PIORAR AS COISAS: | O QUE ELA PODE DIZER PARA MELHORAR AS COISAS: |
|---|---|
| "Você espera que eu...?" ou "Por que eu deveria...?" | "Deixe-me ter certeza de que entendo o que você está dizendo. Você precisa..." |
| "Por que você não...?" | "Você está certo, eu não... Agora entendo que você..." |
| "Você não disse isso." | "Ah, eu não entendi o que você disse da primeira vez. Então, você está dizendo..." |

Para evitar brigas e melhorar a situação, a mulher deve se abster de desafiar o homem com perguntas e comentários desconfiados. Em vez disso, deve refletir sobre o que ele disse, numa postura positiva. Em vez de acusá-lo de não ouvir quando ela é quem não se sente ouvida, pode assumir a responsabilidade de expressar seus sentimentos de uma maneira que ele possa entender melhor.

> Fica bem mais fácil falar sem culpar quando nos lembramos que falamos línguas diferentes.

Como falam línguas diferentes em Vênus e Marte, ela não pode acusá-lo por não entender. Em vez disso, com um sorriso, pode tentar comunicar sua perspectiva outra vez, numa linguagem que ele possa entender. Se simplesmente pudermos lembrar que falamos línguas diferentes, se torna muito mais fácil falar sem culpar. Se não esperamos a perfeição, então, não ficamos tão decepcionados.

## Misturando sentimentos com resolução dos problemas

Misturar sentimentos com resolução dos problemas não dá certo e, geralmente, agrava os problemas. É como misturar óleo e água, eles simplesmente não se misturam. Essa é uma das principais maneiras de Marte e Vênus colidirem.

Para evitar brigas, temos de respeitar essa distinção. Assim que perceber a tensão se elevando, você precisa decidir se vai falar sobre seus sentimentos para ficar mais à vontade ou deixar seus sentimentos em espera e focar, de forma objetiva, no compartilhamento de informações para resolver uma diferença e solucionar um problema.

---

Misturar sentimentos com resolução dos problemas simplesmente não funciona.

---

Dedicar um tempo para falar sobre os sentimentos irá aliviar o estresse da mulher, mas pode elevar os níveis de estresse do homem. Focar na resolução do problema sem entonações emocionais irá relaxar o homem, mas pode frustrar a mulher. Com essa nova consciência, podemos encontrar novos meios de atender as necessidades do outro, que às vezes são conflitantes. Em vez de misturar sentimentos com resolução do problema, podemos criar dois tipos de conversa – uma, para resolver o problema; e outra, para reduzir a tensão emocional, ao ouvir os sentimentos sem tentar resolver o problema. Você aprenderá como utilizar essa técnica de Conversa de Vênus nos próximos dois capítulos.

CAPÍTULO 8

# COMO PARAR DE BRIGAR E FAZER AS PAZES

Emily e Roger estavam conversando sobre o lugar onde passariam o feriado e isso logo se transformou numa discussão.

– *Nós passamos o último Dia de Ação de Graças com a sua família* – *diz Emily, com um tom enviesado.* – *É um dos meus feriados preferidos. Gostaria de passá-lo com a minha família.*
– *Mas temos de viajar até tão longe só para uma refeição?* – *contesta ele.* – *É um pesadelo.*
– *Não está sacramentado que sempre temos de ir para a casa da sua família na Ação de Graças.*
– *Isso é ridículo. Por que você está fazendo uma tempestade num copo d'água sobre isso?* – *ele pergunta.*
– *Será que só uma vez não podemos mudar nossa rotina do feriado? Por que você está sendo tão rígido?* – *Emily começa a culpar Roger.*
– *Como isso pode ser tão importante para você?* – *Ele está começando a se irritar.* – *É só um peru, e minha mãe cozinha melhor.*
– *Como é que você pode dizer uma coisa dessas? Não dá para acreditar.* – *Emily está magoada e suas emoções estão aumentando.*
– *É um caos na sua família.*
– *Pelo menos meus pais nos apóiam.*
– *O que você quer dizer com isso?*
– *Não me faça começar...*
– *Sabe de uma coisa, acho que nós precisamos parar com essa conversa agora. Eu vou ler um livro.* – *Roger sai da sala.*

Feriados e família sempre geram emoções – não é de admirar que essa discussão tenha se inflamado com tanta rapidez. Emily admite estar emotiva por conta do feriado e, sendo depreciativo, Roger não contribui. Quando criticado, ele parte para o ataque e magoa Emily ainda mais. Sua reação é tão provocativa que Roger sabiamente põe fim na briga.

## Dando um tempo para evitar brigas

Conversar, às vezes, pode ser a resposta; mas, às vezes, não conversar é mais eficaz. Quando a tensão entre homens e mulheres sobe, uma das mais importantes habilidades é dar um tempo.

Quando a briga começa, os homens geralmente tomam a iniciativa de se afastar. Os hormônios dele são programados para brigar ou voar. Sob estresse, a mulher é moldada para falar mais. Quando a tensão começa a se acumular e os tons de voz aumentam, a melhor opção é adiar a conversa até que os dois tenham uma chance de se acalmar e voltem a se sentir bem.

Durante o recesso, ele pode fazer algo que goste muito e ela deve falar com alguém que não seja seu parceiro. Isso é muito importante. Às vezes, quando os homens se afastam, as mulheres vão atrás e continuam fazendo as perguntas. Isso só piora as coisas. Um homem não deve, sob circunstância alguma, responder as perguntas. Deve simplesmente sair andando. Se ele precisa falar algo, só deve repetir o que disse ao iniciar o pedido de tempo.

---

Durante um tempo de recesso, a mulher deve encontrar alguém para conversar que não seja o seu parceiro.

---

Para dar início ao recesso, tudo que o homem tem a fazer é dizer uma frase educada, não provocadora, parar de falar e se afastar. Sair da mesma sala. A tensão automaticamente começa a diminuir.

A tabela a seguir contém alguns dos "faça" e "não faça" no pedido de tempo.

COMO DECLARAR UM PEDIDO DE TEMPO

| O QUE NÃO DIZER: | O QUE DIZER: |
|---|---|
| "Você está sendo irracional. Eu não consigo falar com você." | "Você tem direito de estar aborrecida. Deixe-me pensar no que você disse e depois falamos mais a respeito." |
| "Isso é uma completa perda do meu tempo. Eu não consigo falar com você." | "O que você diz é importante para mim. Eu preciso de um tempo para pensar sobre isso e depois falamos." |
| "Eu não agüento mais isso. Você é tão teimoso." | "Eu quero falar sobre isso e preciso de mais tempo para pensar. Vamos falar sobre isso depois." |
| "Você não escuta uma palavra do que eu estou dizendo. Ninguém consegue falar com você." | "Você está certa. Deixe-me pensar um pouco sobre isso e depois nós podemos falar mais a respeito." |
| "Eu estou indo embora. Não vou aturar esse tipo de abuso." | "Eu reconheço o que você está dizendo. Preciso de um tempo para pensar na minha resposta. Vamos falar sobre isso mais tarde." |
| "Eu me sinto tão magoada por você dizer isso. Não acredito nisso. Não tenho mais nada a dizer a você." | "Você está sendo má. Eu preciso de tempo para pensar nisso, depois falamos." |

Depois do pedido de tempo, se seu parceiro continuar a fazer perguntas enquanto você sai da sala, você deve ser forte e apenas repetir: "Eu preciso de um tempo para pensar sobre isso e depois podemos conversar."

A maioria das mulheres não reconhece a importância de dar um tempo, mas passam a gostar muito, depois de algumas vezes. Já que ela não é de Marte, como pode saber quando seus sentimentos o estão forçando ao limite, deixando-o zangado e fazendo com que fique agressivo? Mas, no fim das contas, não é sua responsabilidade protegê-lo. Ele precisa proteger a ela e também ao relacionamento. Ao dar um tempo, ele a está protegendo do guerreiro cuja única alternativa à briga é voar.

> Os hormônios de um homem são programados para brigar ou voar.

A mulher deve reconhecer que não pode dizer o que quiser, indiferentemente aos sentimentos dele, mas não deve sentir que precisa caminhar em ovos ao seu redor. Em nome da honestidade, tanto os homens quanto as mulheres rapidamente deixam de lado virtudes como paciência, flexibilidade e consideração pelos sentimentos e sensibilidades do outro.

Muitas mulheres não fazem a menor idéia do que provoca o homem. Se ele não assume a responsabilidade de fazer com que ela saiba que ele está chegando no ponto de combustão e dá um tempo, ela se acostuma com a reação de raiva dele e pode recear mencionar suas carências e seus desejos. Um homem, na verdade, está deixando as coisas mais seguras para ela ao dar um tempo, quando ele já ouviu muito ou eles estão seguindo pelo caminho errado.

> Um homem, na verdade, está deixando as coisas mais seguras para ela ao dar um tempo, quando ele já ouviu muito.

## Quando a mulher pede um tempo

Para a maioria das mulheres, é mais difícil pedir um tempo, pois é da natureza delas falar quando estão sob estresse. Conversar quase sempre dá certo em Vênus, mas não em Marte. Em Vênus, é até contra a lei sair andando no meio de uma conversa. Sem o entendimento e a aceitação em comum sobre esse recesso, a mulher pode ficar ofendida e até mais chateada quando o homem dá um tempo.

A mulher não reconhece a importância do recesso porque, sob estresse, seus hormônios são muito diferentes. Para ela, falar sobre algo e ser ouvida, estabelecer uma conexão, irá estimular oxitocina e baixar seus níveis de estresse. Nessas horas, sua tendência natural é falar mais. O que ela não entende é que, às vezes, falar pode intensificar a frustração e a raiva do parceiro. Se sente que ela o está colocando na posição de quem está errado, ou tentando controlá-lo, ele pode ficar com mais raiva e mais aborrecido.

---

Falar mais pode ser como jogar gasolina na fogueira das frustrações e da raiva de um homem.

---

Quando uma mulher dá um tempo, ela precisa pensar sobre as coisas, falar com uma amiga, um terapeuta, um conselheiro de relacionamento ou um grupo de apoio a mulheres, tentar escrever seus sentimentos num diário ou rezar. Dessas formas, pode, aos poucos, examinar suas emoções, classificando os pensamentos para identificar suas necessidades e seus sentimentos positivos. Com mais sentimentos positivos e uma consciência clara do que precisa, ela estará mais bem equipada para transmitir sua perspectiva e ouvir o que ele tem a dizer. Um casal deve esperar pelo menos doze horas antes de discutir a questão novamente.

---

Dar um tempo ajuda a mulher a classificar suas idéias e identificar suas carências e seus sentimentos positivos.

---

Uma mulher também pode dar um tempo para lembrar que os homens são de Marte, e ela pode estar interpretando mal as ações ou as palavras dele. Durante esse tempo, pode refletir sobre as possíveis formas de enxergar ou falar sobre a situação, ou o conflito, com uma postura mais positiva. Às vezes, se lembrar das coisas boas que ele faz pode abrandar seus sentimentos. Pode ser útil apresentar seu ponto de vista para si mesma, ou uma amiga, de uma forma mais positiva, sem rejeitá-lo, mas, na verdade, reconheça o apoio que ele dá.

> Homens são de Marte, portanto, ela pode facilmente estar interpretando mal as ações dele.

Na maioria dos casos, uma mulher não deve falar com um membro da família durante esse tempo de recesso. Falar com membros da família pode ser algo que volte para assombrar você. Eles se apegam a todos os sentimentos ruins que você tem, temporariamente, sobre seu parceiro. Eles não têm consciência de todos os sentimentos positivos que você tem em relação a ele, para chegar a um equilíbrio saudável. Confidenciar-se com membros da família em seus piores momentos pode criar uma distância entre eles e seu parceiro.

## O que a mulher deve levar em conta durante o recesso

Aqui está uma lista de doze coisas sobre as quais refletir antes de voltar:

1. Pelo que o estou culpando?
2. Por que que estou zangada, triste ou receosa?
3. O que espero que ele diga, faça ou sinta?
4. Minhas expectativas são razoáveis?
5. Do que realmente preciso?
6. Do que ele realmente precisa?
7. De que forma ele está me interpretando mal?
8. Como eu posso estar interpretando mal?
9. Do que me arrependo?
10. O que confio, aceito ou aprecio nele?
11. Pelo que eu lhe perdôo?
12. O que eu gostaria que ele dissesse ou fizesse?

## Quando um homem pede um tempo

Quando um homem pede um tempo, ele primeiro deve fazer o que precisa para se sentir melhor, depois refletir sobre uma forma melhor de se comunicar com sua parceira. Para ele, esse é um processo diferente. Ele precisa de alguma atividade geradora de testosterona da qual goste, como jogar paciência *online*, assistir a um jogo ou ler um jornal. Depois que se sentir melhor, poderá refletir sobre tudo que disseram para, então, expressar com clareza seus pensamentos e desejos, após ouvir o que a parceira tem a dizer.

É importante que o homem se lembre das exatas palavras que foram ditas e depois reflita sobre o que não foi dito e que deveria ter sido. Ele deve primeiro ter um olhar crítico ao que ela fez de errado e depois ao que ele fez de errado. Esse tipo de pensamento o coloca num módulo de funcionamento de resolver os problemas, o que sempre o fará se sentir melhor e se transformar num comunicador melhor.

Ele pode levar em conta o que ela precisava e a forma como ela poderia ter falado para fazê-lo se sentir mais reconhecido. Fazer isso o ajuda a entender que nem sempre é uma tarefa fácil dizer as coisas de uma maneira que não o incomode. Ele pode pensar em como provavelmente piorou a conversa ao tentar consertá-la, ou resolver o problema antes de dedicar um tempo a ouvi-la. Esse processo tende a abrandar seu coração e afastar a postura defensiva.

---

A postura defensiva do homem se abranda à medida que ele considera a forma como poderia ter feito uma abordagem diferente.

---

## O que o homem deve levar em conta durante o recesso

Aqui está uma lista com doze coisas para o homem refletir antes de voltar:

1. O que ela disse de irritante?
2. O que ela deixou de dizer e deveria ter dito?
3. O que ela estava tentando dizer?
4. De que outra forma ela poderia ter dito?
5. Do que ela precisava?
6. Do que eu preciso?
7. De que forma ela me interpretou mal?
8. Como eu posso tê-la interpretado mal?
9. Qual pode ser o melhor desfecho para cada um de nós?
10. De que me arrependo ou de que outra forma eu poderia ter agido?
11. Pelo que lhe perdôo?
12. O que eu gostaria que ela dissesse ou fizesse?

Os homens podem rapidamente resolver seus sentimentos se conseguirem formar, em suas mentes, um quadro claro do que aconteceu e do que dará certo.

Há milhões de fatores em nossas vidas que afetam nosso humor e nosso temperamento. Quando nosso parceiro está aborrecido ou na defensiva, não faz diferença o quão sensata ou legítima é a nossa perspectiva. Nada que você diga ou faça irá ajudar. Você tem de aceitar que, por um período de tempo, nenhum de vocês ouvirá, entenderá ou reconhecerá o ponto de vista do outro. Nessas horas não há nada que você possa fazer, exceto se recolher e voltar a tentar depois, não antes de um intervalo de doze horas.

---

Um ditado comum em Marte: quando vier um furacão, arranje uma trincheira e deite.

---

Jamais espere que seu parceiro ouça seu ponto de vista com uma postura positiva se você estiver forçando-o a ouvir. Se você não consegue ouvir o ponto de vista do outro, não espere que ele ouça o seu. À medida que sua resistência aumentar, também aumentará a de seu parceiro. Dessa forma, é certo que a resistência irá se intensificar.

> Quando você resiste ao seu parceiro, a resistência dele, ou dela, em relação a você irá aumentar.

Outro conhecimento básico de Marte/Vênus para evitar brigas é de que ele precisa ouvir as idéias, os sentimentos e as necessidades dela antes que ela tenha de ouvir o que ele tem a dizer. Os homens têm uma capacidade bem maior de ouvir, contanto que reconheçam que estão resolvendo o problema ao ouvir sem discutir.

Como sabemos, os homens precisam consertar as coisas e as mulheres precisam falar. Depois que ela falou, a função dele como reparador das coisas é comunicar, para a satisfação dela, que ele ouviu seu ponto de vista. Se o homem reconhece o quanto é importante ouvir para o bem-estar de sua parceira, ele estará disposto a fazê-lo. Quando subirem os níveis de oxitocina dela e o estresse deixar de paralisá-la, ela se torna capaz de ouvir o que ele tem a dizer. Quando ambos se sentem ouvidos, eles se tornam flexíveis o bastante para assumirem um acordo se isso for necessário.

## As regras para se evitar uma briga

A técnica Marte/Vênus para evitar uma briga inflamada e dolorosa é a franqueza: o homem dá início com o pedido de tempo, e a mulher se aproxima, depois, para marcar uma conversa. Nesse caso, ele os resguarda de magoar um ao outro, insistindo no recesso, e ela ajuda a reaproximá-los com a conversa.

> Ele solicita uma reclusão para refletir e, mais tarde, ela se aproxima dele com uma bandeira branca para conversar.

Quando o homem interrompe uma conversa inflamada, ele pode dizer: "Primeiro vamos apenas falar sobre a maneira como você se sente e depois podemos nos concentrar em resolver o problema." Quando eles conversarem, ele deve responder apenas fazendo comentários breves de apoio, como: "Conte mais." Quando ela terminar, ele pode dizer: "Deixe-me pensar sobre isso, depois podemos conversar sobre o que fazer."

Qualquer um dos dois pode pedir o tempo ou combinar uma hora para conversarem, mas essa ordem sugerida está mais alinhada com nossas diferenças hormonais e irá ajudar a reduzir o estresse da situação.

## Recuperando a harmonia

Agora que você aprendeu a interromper uma briga, vamos considerar como resolver os conflitos que podem levar ao ressentimento e ao afastamento, se forem deixados como ferida aberta. Se a mulher guardar os sentimentos ruins após um desentendimento, seus níveis de oxitocina irão cair vertiginosamente e isso vai originar uma derrocada em suas interações com seu parceiro.

Quando brigamos, há duas maneiras de recuperar a harmonia: Conversas de Vênus e Reuniões de Marte. Uma Conversa de Vênus dá à mulher uma oportunidade de discutir seus sentimentos sem qualquer tentativa de resolver o problema. Isso permite que a mulher examine seus sentimentos e o motivo de seu aborrecimento. Uma Reunião de Marte é estritamente para resolver o problema.

## Marcando uma Reunião de Marte

Depois que pelo menos doze horas tiverem se passado desde a briga, o casal pode falar sobre o assunto sem incluir qualquer discussão de sentimentos. Uma Reunião de Marte pode acontecer sem uma Conversa de Vênus, dependendo da necessidade que a mulher pode ou não ter de falar sobre suas emoções. Em algumas situações, é suficiente um intervalo para que o casal reflita, separadamente, sobre o que aconteceu. Eles estão prontos a seguir para uma solução do conflito, numa Reunião de Marte. Durante esse período, eles tentam permanecer o mais objetivos possível, pautados pela solução. Quanto menos palavras, melhor.

## Conversas de Vênus – Parte I

Quando uma mulher precisa falar de seus sentimentos e surge uma discussão, a Reunião de Marte deve ser adiada. Em vez disso, ela pode iniciar uma Conversa de Vênus. Ela pode dizer: "Eu preciso de um tempo para falar sobre meus sentimentos. Nós não precisamos consertar nada agora. Você não precisa dizer nada. Não precisa mudar de forma alguma. Tudo o que tem a fazer é ouvir. Nem precisa se sentir mal."

Então, tudo que se espera que ele diga é: "Fale mais."

Ao não resolver um problema na Conversa de Vênus, ela tem a chance de se sentir ouvida e ele pode refletir sobre aquilo que ouviu. Quando ela tiver terminado, deve dizer algo como: "Obrigada por ouvir. Isso realmente ajuda. Eu me sinto bem melhor."

Essas palavras simples podem fazer um mundo de diferença. Quando um homem tem uma descrição bem clara de uma tarefa que dá certo, ele pode e vai ouvir. Quando ela tiver terminado, é sempre bom que ela se afaste. Basicamente, ele sente que a apoiou ao ouvir. Se ela então resistir à conversa dele, é como se ele estivesse sendo punido por ter feito uma boa ação.

Como você descobrirá no capítulo seguinte, as Conversas de Vênus têm outra função. Conversas de Vênus agendadas, independentemente de brigas, podem ser uma estratégia poderosa para ajudar as mulheres a aliviar o estresse quando sentirem que ele está acumulando.

Nunca se apresse em ingressar numa Reunião de Marte para resolver uma briga. Se a reunião for marcada para antes que os dois parceiros tenham tido a chance de refletir sobre a briga, corre o risco de chegar a uma solução que não leve em conta os sentimentos dela, o que repetiria a rixa inicial. Quando eles dedicam mais tempo, ele pode considerar os sentimentos dela com maior profundidade e ela se sente ouvida.

---

Sempre espere doze horas depois do pedido de tempo para marcar uma Reunião de Marte e resolver a briga.

---

Enquanto estão distantes, longe do calor da batalha, eles têm a chance de ver a situação sob a perspectiva do outro. Naturalmente, ambos se tornam mais abertos e flexíveis, e, como resultado, a Reunião de Marte será mais eficiente e mutuamente incentivadora.

É assim que funciona:

*Emily está se sentindo terrível por ter ficado tão emotiva, mas Roger insultou sua família. Ele foi sábio ao se afastar da briga antes que dissessem coisas das quais se arrependeriam ainda mais. Ela resolve pedir uma Conversa de Vênus. Enquanto faz algumas coisas ao redor da casa, ela o vê na copa e diz:*

*— Estou me sentindo muito emotiva. Eu acho que uma Conversa de Vênus realmente ajudaria.*

*Eles combinam de conversar em uma hora. Enquanto isso, Emily liga para sua amiga Kim para discutir o problema. Quando ela e Roger se encontrarem, estará mais calma e poderá dizer:*

*— Eu sei que você realmente não liga muito para os feriados, mas eles são importantes para mim. Eu adoro Ação de Graças, pois é uma comemoração simples, sem presentes e tudo o mais.*

*— Então, você está querendo dizer que a Ação de Graças não é um feriado cheio de pressão? — Roger reflete sobre o que ela está falando.*

*— Isso. Na verdade, é um feriado mais calmo. — Emily continua explicando. — Eu sei que seus pais moram mais perto e sua família é menor, por isso nossa presença faz diferença. Mas eu realmente sinto falta de comemorar a Ação de Graças com a minha família. Eu não*

acho que passar o feriado com eles, de vez em quando, seja pedir tanto. Nós vemos a sua família sempre.
— Entendo...
— E eu sei que sua mãe é uma cozinheira gourmet, mas eu cresci com as receitas tradicionais da minha família e elas são acolhedoras para mim.
— Eu entendo.
— A sua família é tão formal que eu acho difícil relaxar. Sei que minha família é tumultuada, mas eu acho divertido. Fico magoada por você achar caótico.
— Fale mais.
— Eu acho que minha família abraçou você e o aceitou de uma forma que sua família nunca fará por mim. Eu sei que estou falando de estilos diferentes. Sua família é bem mais reservada, mas sempre sinto que estão sendo educados comigo. Eu me sinto como uma intrusa.
— Continue.
— Acho que simplesmente sinto falta da minha família. Não os vemos desde junho e eu realmente não queria esperar até o Natal.
— Está certo. Vamos resolver depois.
— Obrigada por me ouvir, Roger. Só de falar já me sinto bem melhor.

Roger tem tempo para pensar sobre o que Emily falou. A Reunião de Marte programada para o dia seguinte transcorre assim:

— Eu entendo que você esteja se sentindo ansiosa quanto à Ação de Graças este ano — começa Roger. — Você deixou claro para mim que ir à casa de seus pais é importante para você.
— É sim.
— Por que não vemos o preço das passagens de avião e fazemos reservas? — sugere Roger. — Se pudermos reservar vôos que sejam convenientes sem serem exorbitantes, estou disposto a voar até lá para a Ação de Graças.
— Vou ver agora. — Agora Emily está feliz. — Obrigada por entender.

*– Eu amo você e quero que aproveite seu feriado favorito.
– E podemos passar o Natal com a sua família, para mudar um pouco, num tempo aconchegante, em casa.* – Emily vai até ele se desculpar. *– Desculpe-me por ficar tão louca.
– E você sabe que eu adoro a sua família e me divirto muito quando estamos lá. Desculpe-me por criticá-los na hora da raiva.*

Nesse contexto, Emily e Roger conseguem se afastar de uma briga progressiva. Emily é capaz de expressar seus sentimentos, que comovem Roger a ponto de ver que atender desejos dela deixa de ser um problema. O lugar onde irão comemorar o feriado significa muito mais para ela do que para ele.

## Resistindo à necessidade de contar tudo

Somos ingênuos de acreditar que precisamos compartilhar tudo com nossos parceiros se possuímos muita intimidade. Num relacionamento romântico, a intimidade contribui com a empolgação e o senso de realização, mas nós não precisamos dizer tudo que pensamos ou sentimos de uma só vez; podemos escolher que partes nós compartilharemos. É sempre um erro olhar nosso parceiro romântico como alguém que atenda a todas as nossas necessidades.

Há gente suficiente em nossas vidas para compartilhar as diferentes partes de quem somos. Para estarmos conectados, nós não precisamos compartilhar todos os sentimentos ou as idéias que temos. Em um relacionamento romântico, é importante que compartilhemos as porções mais amorosas e incentivadoras que possuímos.

---

*Os casais precisam se expressar, mas não têm
de dizer tudo que pensam e sentem.*

---

Esse é um dos fracassos mais comuns de um casamento. Depois de anos dizendo e fazendo qualquer coisa que quiserem, os casais tratam um ao outro com menos afeição, gentileza e consideração do que a um estranho ou convidado. Ficamos à vontade demais com o outro e deixamos de tentar fazer a diferença. É importante lembrar como tratávamos nossos parceiros no começo e tentar, até certo ponto, manter aquele tipo de apoio.

---

Muitos casais tratam um estranho ou convidado com mais consideração do que um ao outro.

---

Se você quiser desabafar todos os seus sentimentos, ou expressar suas soluções para se sentir melhor, é melhor escrevê-las num diário, ou falar com uma boa amiga, um grupo de apoio, um conselheiro de relacionamento ou um terapeuta. É fácil ouvir a negatividade quando não é a seu respeito. Seus amigos podem ouvi-lo desabafar, pois seus sentimentos e seus pensamentos não são a respeito deles. Quando se trata de evitar batalhas em seu relacionamento, saber quando segurar a língua tem ainda mais poder do que dizer as coisas certas.

---

Saber quando segurar a sua língua tem mais poder do que dizer as coisas certas.

---

## Alerta: Disfunções de comportamento não são diferenças entre os sexos

Nem todas as diferenças são especificamente por conta do sexo. Algumas pessoas têm uma sensação de poder quando os outros o temem. Isso não é uma diferença básica quanto ao sexo, mas um sinal de insegurança em relação a questões passadas não resolvidas, comportamentos aprendidos com nossos pais ou imaturidade. Quando homens e mulheres são inseguros, eles tendem a desabafos emocionais fortes, ou tratamento de silêncio, como forma de ameaçar, envergonhar ou punir seus parceiros. Quando é esse o caso, eles estão usando suas reações para controlar e manipular, em vez de liberar seu estresse.

> Desabafos emocionais fortes ou tratamento de silêncio podem ser mal utilizados por homens e mulheres para ameaçar ou punir.

Essa é uma distinção importante. O homem pode se afastar como uma forma legítima de lidar com o estresse, ou a mesma reclusão pode ser para punir sua parceira, ou ensiná-la uma lição. Esse homem de comportamento disfuncional pode se afastar porque está sob estresse e, quando percebe o quanto a aborrece, usar isso para magoá-la.

Quando o homem se retrai para lidar com seu próprio estresse, a mulher pode escolher puni-lo ao se retrair quando ele voltar. Ela pode desenvolver uma tendência de testosterona de se afastar. Infelizmente, seu comportamento não respalda nenhum dos parceiros.

Quando a mulher fica emotiva como necessidade legítima de lidar com o estresse, o homem pode optar por puni-la sendo extremamente emocional, em retribuição. Essa reação é comum quando os homens são viciados em drogas ou álcool. Eles usam suas emoções negativas como um meio de intimidar os outros.

> Os homens usam as emoções para ameaçar quando são viciados em drogas ou álcool.

As mulheres também utilizam mal suas reações emocionais para causar aflição nos outros. Em épocas de insegurança, ela pode usar suas emoções como forma de ensinar a ele uma lição, fazer com que ele se sinta culpado, ou simplesmente "dar trabalho". Tendências naturais e saudáveis podem ser usadas erroneamente para punir, em vez de amar.

> Tendências naturais e saudáveis podem ser usadas erroneamente para punir, em vez de amar.

Punir nossos parceiros ao reprimir nosso amor pode dar certo em curto prazo; porém, em longo prazo, isso gera medo e desconfiança, ocasionando tensão e conflito. A menos que as duas pessoas sintam que podem obter o que precisam no relacionamento, ambos acabarão perdendo.

Num relacionamento, uma atitude de "eu ganho e você perde" é uma vitória vazia. Quando você ama alguém, você perde se essa pessoa perde. A única forma de você ganhar é se vocês dois ganharem. A maior dor que sentimos num relacionamento vem de quando retraímos o amor em nossos corações. Por fim, queremos que nossos parceiros se sintam seguros e livres para ser quem são em nossa presença.

---

Segurança e liberdade são as fontes primárias
de felicidade e paixão em nossos relacionamentos.

---

A habilidade para discutir e resolver nossas diferenças determina nosso sucesso em um relacionamento. Quando as diferenças nos empurram para mais longe, com o tempo, a paixão diminui. Quando conseguimos resolver nossas diferenças por meios de apoio amoroso, boa comunicação e um comprometimento saudável, temos uma boa chance de compartilhar uma vida de amor, sem ter de começar de novo para encontrarmos amor.

## Como fazer as pazes

Depois de um recesso para refletir e resolver seus sentimentos, você está pronta para fazer as pazes. Tentar a reconciliação quando você ainda está esperando que seu parceiro peça desculpas nunca dará certo. Sempre que houver um aborrecimento em seu relacionamento, somente um de vocês precisa se desculpar e reconciliar.

Sempre há algo pelo que se desculpar, mesmo que você sinta que seu parceiro esteja mais errado. Simplesmente dizer que sente muito e quer fazer as pazes é uma das mais poderosas afirmações que se pode fazer. Pedir desculpas é, certamente, uma das técnicas mais importantes que podemos aprender.

> Aprender a pedir desculpas é uma das técnicas
> mais importantes num relacionamento.

Se seu parceiro pede desculpas a você e você não está pronta a se reconciliar, ao menos deixe que ele saiba que aprecia seu pedido. A essa altura, a bola está do seu lado. Cabe a você processar suas questões de modo a finalmente deixar aquilo de lado e se reconciliar com seu parceiro. Continuar magoada porque nosso parceiro não pediu desculpas ou porque ele não se sente mal o suficiente apenas atrasa o processo de reatar.

Durante o recesso, para ajudá-lo a abrir mão de sentimentos de mágoa, pode ser útil escrever uma carta a você mesma dizendo as palavras que precisa ouvir. Escreva o que você gostaria de ouvir para se sentir melhor. Dessa forma, você estará dando um passo à frente em sua responsabilidade de se sentir melhor. Leia a carta e imagine como você se sentiria se seu parceiro dissesse ou sentisse aquelas coisas. Depois escreva o que você gostaria de dizer em resposta. Ao fazer isso, você estará livre para sentir seu coração se abrir novamente.

Você também pode dar essa carta ao seu parceiro e pedir que ele leia para você. Deixe que ele saiba que essas palavras fariam com que você se sentisse muito bem, se ele as usasse em seu pedido de desculpas. Se ele não consegue utilizar exatamente as mesmas palavras, tente ser grata pelo que ele disser.

> *Nancy e Jeremy estão tendo uma discussão que começou quando ela descobriu que ele tinha esquecido de pagar o seguro do carro, ignorando inúmeros lembretes que ela lhe fizera. Quando Nancy descobre que o seguro do carro está temporariamente suspenso, ela fica uma fera. Ela o acusa de ser negligente, relaxado e irresponsável, colocando em risco tudo pelo que trabalharam. Pergunta como pode confiar nele, depois que ele deixou algo desse tipo acontecer.*

*Ele menospreza sua reação, julgando-a excessiva, dizendo que ele só tem de ligar para o corretor de seguros e refazer a apólice. É claro que ela se lembra de tudo que ele esqueceu nos últimos três anos e essa discussão vai piorando até que ele a chama de rabugenta. Nancy fica enfurecida. Depois de pensar no que aconteceu, ela senta na cama com um bloco pautado e escreve uma carta a si mesma, expressando as palavras que gostaria que Jeremy dissesse:*

Querida Nancy,

Sinto muito por ter deixado escapar o seguro do carro. Eu estou com tanta coisa na cabeça com a crise no escritório e não tenho prestado atenção suficiente em você e no que está se passando em casa.

Você faz tanta coisa para cuidar da casa e minha contribuição é muito limitada. Sei que freqüentemente a subestimo, mas queria que você soubesse que eu não poderia fazer o que faço sem seu apoio, sua visão, seu amor.

Embora você trabalhe duro, pensa em tudo para o nosso conforto. Não sei como você faz isso, mas fico admirado por parecer tão fácil.

Eu estimo a vida que construímos juntos e lamento que minha negligência nos coloque em risco. Sinto muito por ter virado as coisas ao contrário para deixá-la mal, quando sei que fui eu quem errou. Eu realmente tento fazê-la feliz e fico maluco quando você obviamente não está. Por favor, desculpe-me por agir como um idiota de tantas formas. Amo muito você e quero ver um grande sorriso em seu lindo rosto.

Amor,
Jeremy

*Sua resposta para a carta imaginária:*

Querido Jeremy,

Obrigada por reconhecer e entender o quanto nossa vida juntos é importante para mim e por me dizer que isso também é verdadeiro para você. Obrigada por reconhecer o malabarismo que preciso fazer para manter tudo caminhando bem e o apoio que tento dar a você.

Obrigada por entender que estou estressada e fico obcecada por pequenas coisas. Não tenho a intenção de ser rabugenta. É só que estou sempre correndo com tanta coisa na cabeça que tem de ser feita e, às vezes, me ressinto com sua capacidade de sair de órbita, diante da TV, sem qualquer preocupação neste mundo.

Eu amo você e quero que lidemos com as exigências de nossa vida em conjunto com mais graça e harmonia.

Amor,<br>Nancy

Se você não consegue concordar quanto ao que houve de errado, concorde que o ocorrido não era o que você queria, e que você quer fazer as pazes e se restabelecer a ligação.

Feridas emocionais são como machucados físicos. Ficamos roxos, mas também saramos. Se estamos esperando de nossos parceiros um pedido especial de desculpas que nos ajude a sarar, estamos adiando nossa cura. Uma criança precisa ouvir um pedido de desculpas, mas um adulto pode, aos poucos, deixar aquilo de lado por conta própria. Como adultos, é importante aprender a abrir nossos corações sem esperar que nossos parceiros dêem esse passo.

CAPÍTULO 9

## FALANDO DE SENTIMENTOS EM TERRITÓRIO NEUTRO

Para muitos homens, a pior coisa que uma mulher pode dizer é "Nós precisamos conversar". Essa deveria ser a melhor coisa que ela poderia dizer, mas, como freqüentemente não estamos na mesma sintonia quando falamos, a conversa pode exaurir o homem, ou se transformar numa briga. No mundo do trabalho, os sentimentos são sempre colocados no fundo do armário. Não é apropriado que se fale de sentimentos com um freguês ou um cliente. Estamos ali para servir ao realizarmos a tarefa. Em casa e nos relacionamentos, a questão é diferente. Até a hora em que chegam a casa, as mulheres estão famintas por algumas experiências geradoras de oxitocina.

---

Como no trabalho os sentimentos são colocados no fundo do armário, em casa, as mulheres precisam falar sobre eles.

---

Quando não tem o tempo de que precisa para falar de seus sentimentos, a mulher é tolhida de uma das forças mais poderosas para baixar seu estresse. Se as mulheres passam seus dias no trabalho ou isoladas em casa, elas precisam equilibrar o aumento da testosterona proveniente do sentimento de tanta responsabilidade aumentando a oxitocina.

Freqüentemente, a maior reclamação da mulher em seu relacionamento com um homem é que ele não ouve. Esse cenário se tornou relevante apenas recentemente, uma vez que agora seu estilo de vida a impede de ter uma comunidade de outras mulheres com a qual compartilhar. No passado, as mulheres passavam seus dias na companhia de outras mulheres. Elas não esperavam que os homens ouvissem as nuances de seus sentimentos e suas reações.

---

No passado, nunca era exigido
dos homens ser bons ouvintes.

---

Quando não têm a chance de falar ao longo do dia, as mulheres ficam estressadas. Quando uma mulher regressa ao lar, ela precisa compartilhar seus sentimentos com seu parceiro. Se sua necessidade não é atendida, qualquer outra coisa que ele faça por ela é assimilada através de um filtro que diz que ela não está obtendo o suficiente dele.

---

Quando os casais não conversam,
nada que ele faça é bom o bastante.

---

Como você viu nos capítulos anteriores, quando os casais conversam, isso não pode ser da forma como as mulheres compartilham entre si, pois um homem não é uma mulher. Se você seguir as estratégias e as técnicas deste capítulo, conversar com um homem pode reduzir até mais o estresse do que compartilhar com outra mulher, principalmente durante uma Conversa de Vênus.

### Falando dos sentimentos
### em todas as horas erradas

As mulheres freqüentemente sabotam seu sucesso nos relacionamentos ao trazer à tona seus sentimentos em horas inapropriadas. Mulheres solteiras e casadas fazem a mesma coisa. Inconscientemente, a mulher começa a discutir ou reclamar sobre algo para arranjar um jeito de liberar seus sentimentos. Se algo sai errado, ela ficará feliz em discutir detalhadamente, só para falar de seus sentimentos.

> Num encontro romântico, as mulheres reclamam excessivamente só para puxar conversa.

Ela pode estar angustiada por conta do trabalho, mas, quando ele a leva para um programa, ela diz que a comida está ruim ou que foi um erro ir comer fora. Ele pode simplesmente pedir que ela pegue algo no tintureiro e ela irrompe numa descrição sobre tudo que tem a fazer, quando apenas "estou muito ocupada" seria suficiente.

> As mulheres podem falar sem parar quando um simples "não" é informação mais que suficiente.

Falar sem parar é sua tentativa equivocada de estimular a produção de oxitocina para aliviar o estresse. A hora que a mulher escolhe para expressar seus sentimentos influencia se o homem é capaz de ouvir. A estimativa certa da hora é tudo na vida e na comunicação.

Aqui estão alguns exemplos de má estimativa da hora e como os homens podem reagir:

| O QUE ELA DIZ: | COMO ELE SE SENTE: |
|---|---|
| Se ela reprova seu estilo de ser pai, irá esperar para tocar no assunto quando as crianças não estiverem colaborando, não estiverem felizes, ou não estiverem bem. | Ele se sente culpado e criticado em um momento em que está mais vulnerável. Não apenas ela está deixando de dar apoio, mas também ele se sente como se ela não reconhecesse o empenho que ele faz para ser um bom pai. |
| Se ela está sobrecarregada, irá esperar que ele peça que faça algo, então irá reclamar, detalhadamente, que já está fazendo coisas demais. | Ele se sente acusado, como se estivesse errado em pedir ajuda, e se sente sobrecarregado pelos problemas dela. Sente-se como se ele a tivesse decepcionado, de alguma forma, e como se os problemas dela fossem culpa dele. |

*(continua)*

| O QUE ELA DIZ: | COMO ELE SE SENTE: |
|---|---|
| Se ela está aborrecida por ele não estar fazendo o que ela pediu, ela espera até que ele esteja alegremente engajado em alguma atividade relaxante ou de diversão, como lendo um livro ou assistindo à TV. | Ele fica irritado por ela esperar até que ele esteja tirando um tempo para se recuperar e espera que ele pare o que está fazendo para atender às necessidades dela. Ele quer reagir, mas tem de descansar. Ele se sente como se ela estivesse fazendo exigências. |
| Se ela quer passar mais tempo com seu parceiro, irá esperar até que ele queira estar com um amigo para resolver falar sobre seus sentimentos. | Ele se sente manipulado pelos sentimentos dela. Quando quer cuidar de suas próprias necessidades, ela fica carente. Ele se importa com os sentimentos dela, portanto, para atender às necessidades dela, ele não pode fazer o que quer. |

Nessas horas, quando uma mulher insiste em falar sobre seus sentimentos, desejos e necessidades, o homem pode presumir que ela esteja tentando controlá-lo. Geralmente, ela está apenas procurando maneiras de trazer à tona assuntos que ele não parece estar interessado em falar. Com oportunidades regulares de falar, essa tendência desaparece na mulher.

A tabela anterior demonstra como em Marte pode parecer como se ela estivesse apenas esperando para rejeitar, criticar, reclamar, controlar e punir seu parceiro. Depois de um olhar mais atento, você começa a perceber o que é óbvio para qualquer mulher que vive com um homem. Há muito poucas chances de compartilhar seus sentimentos com o parceiro ao longo de dias atribulados. Quando uma oportunidade se apresenta, aqueles sentimentos simplesmente surgem. Nessas horas, os homens precisam lembrar que as mulheres são condicionadas de forma diferente, e que essa é a forma como reagem ao estresse.

A solução para esse problema, além de simplesmente aceitar essa diferença, é criar horas para falar. Mesmo que ele nada tenha a dizer, ela pode falar, e tudo que ele tem a fazer é ouvir. Se for esperado que ele faça mais, a conversa pode ser desgastante.

## Criando um tempo para a mulher falar como se sente

Criar horas apenas para falar geralmente não funciona, pois os homens têm pouco a dizer. Quando entende que não se espera que ele compartilhe, o homem tem mais disponibilidade de falar com sua parceira. Se isso pode deixá-la feliz e não requer que ele seja alguém que não é, então, ele concorda em fazê-lo.

Se conversar significa que ela vai falar e ele irá ouvir para ajudá-la a se sentir melhor, então, ele pode fazer com facilidade. Se conversar significa que ela fala sobre seus sentimentos e depois espera que ele fale sobre os dele, já é outra história. Se ela planeja falar de seus sentimentos e também pretende resolver problemas, a possibilidade é ainda mais dispensável para o homem.

As mulheres querem falar sobre sentimentos e resolver problemas ao mesmo tempo. É assim que fazem com as amigas e é como querem fazer em casa. Esperar que seu parceiro converse como uma amiga leva a mulher à decepção, e seu parceiro ao fracasso. Se ela quer resolver problemas com ele, precisa falar sua língua e remover os sentimentos sobrepostos.

No passado, as mulheres raramente recorriam aos homens para falar sobre seus sentimentos. Só com a ajuda de terapia as mulheres começaram a esperar que os homens explorassem e respaldassem seus sentimentos, enquanto também resolvessem problemas. Essa expectativa é irreal e pode causar sérios atritos nos relacionamentos.

Nessas horas, priorizar a necessidade da mulher e falar sobre seus sentimentos, antes de se concentrar na resolução dos problemas, não é apenas sábio, mas também uma atitude amorosa, compassiva e gentil do homem. Ao reconhecer que essa ação irá fazê-la se sentir melhor, ele está resolvendo um problema potencialmente explosivo e, ao mesmo tempo, mantendo seus níveis de testosterona elevados.

---

É sempre melhor se concentrar primeiro nos sentimentos antes de resolver os problemas.

---

Sem entender isso, os níveis de testosterona do homem caem quando ele ouve passivamente os sentimentos de sua parceira, ou a resistência dele a seus planos de ação. Apenas ouvir os sentimentos dela parece uma situação em que é impossível ganhar. Quando as mulheres falam de seus problemas, os homens começam a ficar inquietos, irritáveis e depois deprimidos. Quando ele reage com esses sintomas de resistência, ela se sente ainda mais estressada. Para evitar que esses atritos tomem vulto e cheguem a uma briga, os homens precisam aprender a arte de ouvir sem interromper, para resolver os problemas.

> Quando as mulheres falam de seus problemas, os homens começam a ficar inquietos, irritáveis e depois deprimidos.

Essa abordagem não dá à mulher o livre reinado para dizer o que quiser enquanto espera que o homem ouça passivamente. Tendo consideração pelas necessidades dele e cautela com o que diz, ela não somente torna possível que ele ouça, como irá criar mais oxitocina para si própria. Quando ela confia em que ele ouvirá o que tem a dizer, seu estresse se reduzirá.

## Conversas de Vênus – Parte II

Infelizmente, apesar dos telefones celulares e das mensagens de texto, o ritmo e as exigências em nossas vidas privam muitas mulheres da oportunidade de desabafar com uma amiga regularmente. As Conversas de Vênus ajudam a preencher esse vazio com eficiência. Para ajudar as mulheres a lidar com o estresse de não poder falar livremente durante o dia, os homens podem ouvir sem qualquer intenção de consertar ou resolver os problemas. Por outro lado, a mulher fala sem a intenção de resolver seus problemas, exceto sua necessidade básica de estabelecer laços. Dessa forma, ela pode compartilhar os detalhes de seu dia sem desejar qualquer desfecho específico. Quando ela simplesmente compartilha seu dia, seus níveis de oxitocina começam a subir.

> As mulheres precisam lembrar como falar
> de uma maneira que produza oxitocina.

Assim como os homens precisam aprender a ouvir, as mulheres precisam exercitar o compartilhamento sem esperar que ele mude, de alguma forma. Se ao compartilhar ela também quiser lhe dar uma lição, melhorar seu comportamento ou fazê-lo se sentir mal, vai ser um tiro no pé. Ela estaria usando seus sentimentos negativos para motivar as mudanças no comportamento dele. Como resultado, ele se sentiria manipulado pelos sentimentos e pelas emoções dela e acabaria ficando mais resistente a ouvir.

Compartilhar sem a intenção de que ele mude ou faça algo em relação aos problemas e desafios dela pode ser difícil, pois o dia todo ela está funcionando no modo testosterona, de resolução dos problemas. No entanto, ao compartilhar, ela volta a produzir grandes doses de oxitocina e neutraliza um dia repleto de testosterona elevada.

### O dia ruim de Claire

*Claire precisa espairecer depois de um dia em que tudo deu errado. Ela está contente por ser o dia de uma das Conversas de Vênus regulares. Ela e Al conversam depois que ele assiste ao noticiário noturno.*

– Tudo deu errado hoje – começa Claire. – Você não acreditaria. Fiquei arrasada.

– Conte-me a respeito – ele responde.

– Bem, no caminho do escritório, eu parei no correio para mandar um pacote para minha sobrinha...

– *Legal.*

– Eu estava prestes a encostar numa vaga quando uma mulher, falando ao celular em sua caminhonete, veio do sentido contrário e simplesmente me cortou.

– *Você está brincando...*

— Não, ela parecia a dona do mundo. Então, eu abri a janela quando ela estava saindo e disse: "Com licença, eu estava estacionando nessa vaga."
— E o que ela fez?
— Simplesmente me ignorou.
— Não!
— Sim. Ela simplesmente saiu apressada. Fiquei tão aborrecida que deixei tudo para lá.
— Isso é terrível.
— As pessoas são tão mal-educadas.
— E depois, o que aconteceu?
— Eu fiquei tão abalada que resolvi tomar um capuccino. Tinha muita fila, mas eu resolvi esperar.
— Ã-hã.
— Ao entrar no carro, derramei tudo no meu casaco e nas minhas calças claras.
— Ah, não!
— Consegui tirar as manchas no banheiro do trabalho, mas fiquei com cheiro de lã molhada e café quase o dia todo.
— Isso deve ter deixado você desconfortável.
— E Jeanine fez um comentário sobre isso na reunião.
— Mesmo?
— Depois ouvi dizer que a gerência está pensando em reduzir, ou até cortar, nossa bonificação do ano que vem...
— Hein?
— É o que estão dizendo. Eu estava contando tanto com um bônus decente para que pudéssemos reformar o banheiro.
— Hmm.
— Depois meu compromisso de almoço foi cancelado. É a quarta vez que Sherry faz isso comigo no último minuto. Eu programei toda a minha agenda para encaixá-la. Acho que almoçar comigo não significa muito para ela, que me dá as desculpas mais fúteis.
— Conte mais.
— Acho que vou falar com ela sobre isso, mas me sinto meio patética e carente. Talvez a amizade precise de um tempo. Estou ocupada e se ela não valoriza o meu tempo...

— Entendo o que você quer dizer.
— De qualquer forma, eu poderia continuar, mas já não me sinto tão por baixo como quando começamos a conversar.
— Que dia chato.
— Às vezes, quando o dia começa ruim, ele simplesmente vai ladeira abaixo e eu fico impotente para reverter.
— Eu conheço a sensação.
— Bem, ao menos podemos ter uma noite agradável.
Al se levanta e lhe dá um abraço forte.
— É, o dia ainda não acabou.
— Você é o máximo — diz Claire. — Só conversar com você já salvou o dia.

Essa conversa unilateral certamente não é a forma como as mulheres falam em Vênus, mas, na verdade, é um gerador mais poderoso de oxitocina. Quando as mulheres falam umas com as outras, elas naturalmente misturam os sentimentos com uma tendência gradual de resolver os problemas. Nesse tipo de conversa, se elas mesclam o compartilhamento com a resolução, tanto a oxitocina quanto a testosterona estão sendo produzidas. Quando a mulher aprende a compartilhar seus sentimentos sem buscar uma solução, como na conversa acima, seus níveis de oxitocina se elevam, pois seu corpo não estará produzindo a testosterona, que bloqueia os efeitos calmantes do hormônio oxitocina. Essa oportunidade ajuda a liberar o estresse de forma ainda mais eficaz e, como resultado, ela percebe que não precisa de ajuda para resolver seus problemas, ou a importância de seus problemas se dissipa. Quando fala e ele ouve, ela obtém muitos benefícios terapêuticos.

Quando uma mulher vem a mim para aconselhamento, ela não está falando para tentar modificar seu parceiro. Ele nem está lá. Em vez disso, ela está vindo para ajudar a si mesma. Ela pode querer mudar seu parceiro, pode perguntar a respeito de meios para modificá-lo, mas, na verdade, está agindo puramente para compartilhar seus sentimentos, pois ele não está presente, motivo pelo qual dá tão certo.

Há outros dois benefícios decorrentes das Conversas de Vênus que também surgem numa sessão de terapia. Como a terapia é essencialmente sobre a paciente, a dinâmica entre o conselheiro e a cliente torna mais eficaz o exame dos sentimentos da mulher. Em segundo lugar, quando a cliente começa a tentar resolver o problema, um terapeuta hábil irá conduzi-la de volta a seus sentimentos, em vez de mergulhar no processo da resolução do problema.

As mulheres comumente perguntam o motivo pelo qual seus parceiros dizem ou fazem algo. Essa é sua tentativa de encontrar uma solução para seus problemas. Em vez de considerar essa questão, o terapeuta irá revertê-la e dizer: "Como você se sente quando ele diz ou faz isso?" Ao conduzi-la de volta a seus sentimentos, o terapeuta irá auxiliá-la na abertura de seus sentimentos e na liberação do estresse de sua vida.

As diretrizes de uma Conversa de Vênus ajudam a garantir os mesmos benefícios de uma terapia comum. Com o passar do tempo, ela irá obter ainda mais benefícios, pois começará a experimentar um novo tipo de intimidade com seu parceiro que poucos casais experimentam. Além de um entendimento mais amplo da forma como ela se sente, Conversas de Vênus regulares o deixam mais sensível às necessidades dela e dão a ele mais conscientização, motivação e energia para ajudá-la.

## Como funcionam as Conversas de Vênus

Uma Conversa de Vênus só pode dar certo quando o homem e a mulher têm o mesmo ideal. Ela não pode esperar que ele se desculpe ou prometa fazer algo diferentemente. Não pode esperar que ele prove sua empatia, de forma alguma. Em vez disso, ela simplesmente compartilha, e ele ouve.

---

Uma Conversa de Vênus é basicamente uma mensagem apenas para informação. Nenhuma ação é exigida ou esperada.

---

Se ela fala sobre o quanto tem a fazer, não pode esperar que ele ofereça ajuda. Se ele o fizer, isso é um bônus. Ela só está esperando que ele ouça. Ele pode acabar ajudando depois, mas, ao falar, o objetivo dela é simplesmente conversar sobre o que a está incomodando. Quanto menos esperar dele, melhor ela irá se sentir, e mais ele acabará fazendo.

---

Quando esperam mais do que estão obtendo dos homens, as mulheres sempre recebem menos.

---

Se ela diz que tem coisas demais a fazer, não pode esperar que ele se ofereça para buscar a roupa no tintureiro, trocar as lâmpadas, verificar as contas do cartão de crédito ou cuidar de outras tarefas dela. Ela está esperando que ele ouça para ajudá-la a lidar com o estresse, para que não continue a sobrecarregá-la.

Cada vez que tiver uma Conversa de Vênus, a mulher precisa lembrar ao homem que ele não precisa resolver seus problemas. Isso é tão novo para ele quanto é para ela. Se não consegue se lembrar do que precisa, ela não pode esperar que ele o faça. Ao lembrá-lo de que ele não precisa dizer nem consertar nada, ela também está lembrando a si mesma que não está esperando que ele faça nada.

Uma cliente minha, que resistiu muito a esse processo, tentou por fim. Para ela, parecia desonesto e artificial. Ela não queria falar com alguém que não estivesse interessado no que ela tinha a dizer. Na verdade, seu marido não estava interessado no que ela falava. Ela tentou, e ficou impressionada com a forma como se sentiu bem. Ela sabia que seu parceiro não estava interessado, mas nunca havia tido a chance de falar sobre nada sem que ele a interrompesse. Apenas isso já tornou as coisas recompensadoras para ela. Ela acabou ficando melhor nisso, e ele se tornou interessado em tudo o que ela dizia.

---

Apenas saber que não será interrompida pode reduzir os níveis de estresse da mulher.

---

Algumas mulheres precisam se sentir bem-sucedidas em algo antes que se interessem em fazer aquilo. Quando o homem descobre que pode fazer sua parceira feliz, o processo de ouvir lhe dá energia para se manter interessado. Ele pode não se importar com tudo o que ela diz, mas está interessado em deixá-la feliz. Novas roupas, histórias de bebês, fofocas do escritório e planos de casamento nunca serão tão empolgantes para um homem como são para uma mulher.

## Mulheres que não falam o bastante

Algumas mulheres não sentem necessidade de compartilhar. Elas são ocupadas demais para se dar o trabalho. Por fora, aparentam ser de Marte, porém, por dentro, ainda são de Vênus. Em tais casos, as mulheres ainda irão se beneficiar com as Conversas de Vênus; simplesmente não sabem disso até tentarem. Essas mulheres estão freqüentemente com maridos ou namorados que já falam bastante. Se elas fossem compartilhar, teriam de ouvir mais os problemas deles. Isso apenas elevaria seu nível de estresse. Não há nenhum problema em os homens compartilharem seus sentimentos, mas não depois de uma Conversa de Vênus. Uma regra geral quanto à comunicação doméstica entre os sexos é que os homens jamais devem falar mais que as mulheres. A última coisa que ela precisa ouvir são os problemas dele quando precisa falar ou está estressada.

---

*Uma regra geral quanto à comunicação doméstica entre os sexos é que os homens jamais devem falar mais que as mulheres.*

---

Muitas mulheres hoje em dia nem sequer sabem que têm a necessidade de expressar suas emoções. Acham que confidenciar os problemas aos parceiros é uma relíquia dos anos 50. As mulheres não querem parecer choronas, nem resmungonas. A inabilidade das mulheres em sentir essa necessidade de compartilhar seus sentimentos é o resultado de viverem num mundo estressante e gerador de testosterona. Apesar de não sentirem a necessidade, é o que mais lhes faz falta. Ao praticar, durante as Conversas de Vênus, elas irão começar a experimentar os inúmeros benefícios do aumento dos níveis de oxitocina.

## Agendando as Conversas de Vênus

Em vez de esperar que o estresse se acumule, é uma boa idéia agendar Conversas de Vênus regulares, da mesma forma que você faria com encontros românticos ou sessões de terapia. Você não deve esperar até precisar falar. Apenas a pressão de ter de colocar algo para fora pode restringir a produção de oxitocina. As Conversas de Vênus são bem mais eficazes quando planejadas, e a mulher pode ansiar por sua chegada.

Uma Conversa de Vênus deve, idealmente, durar aproximadamente dez minutos e ser praticada ao menos três vezes por semana. É claro que em momentos de muito estresse a mulher pode precisar de muito mais tempo para falar. Nessas horas, ela pode pensar em primeiro falar com um conselheiro de relacionamento ou terapeuta, de modo a não sobrecarregar seu parceiro. Durante uma Conversa de Vênus, a mulher precisa expressar como se sente sobre as mudanças difíceis e estressantes em sua vida, e seu parceiro precisa ouvir e dizer, ocasionalmente: "Conte mais." Ele não tem permissão para fazer comentários e ela não tem permissão para fazer perguntas.

Quando os dez minutos tiverem se passado, ela agradece, e ele lhe dá um abraço forte. Eles geralmente não falam sobre o que ela disse, mas, se ele quiser fazer um comentário, deve esperar pelo menos doze horas. Como minha esposa me disse uma vez, depois de uma Conversa de Vênus: "Eu preciso assimilar os raios ensolarados do seu amor e da sua compreensão."

No começo, você pode achar que não consegue preencher os dez minutos inteiros, ou parece muito pouco. Independentemente disso, você deve se ater à estimativa de tempo e aos poucos irá desenvolver a habilidade de ligar e desligar seus sentimentos negativos. Ao longo de algumas sessões, você treinará sua mente e seu corpo para começar a produzir mais oxitocina num período curto de tempo.

Conversas de Vênus regularmente agendadas irão tornar outras conversas muito mais livres de estresse. Conversas de Vênus são um meio poderoso de redução do estresse para homens e mulheres. Da mesma forma que os níveis de oxitocina da mulher sobem quando ela fala, os níveis de testosterona do homem sobem quando ele sente que está fazendo a diferença.

## Usando os Pontos das Conversas de Vênus

Durante as Conversas de Vênus, eu recomendo usar os Pontos das Conversas de Vênus, listados abaixo. Esse guia simples inclui seis perguntas para você responder sobre seu dia, sua semana, seu passado, sua infância ou simplesmente o que lhe vier à cabeça.

O subconsciente sabe o que está nos incomodando e irá liberar nosso estresse quando lhe for dada a chance. Só é preciso que façamos as perguntas e falemos sobre o que surgir. Tirando um breve tempo para examinar e expressar que sentimentos surgem com cada pergunta, a mulher irá experimentar o aumento de seus níveis de oxitocina e, conseqüentemente, reduzir seu estresse.

### Os Pontos das Conversas de Vênus

- ❖ O que a faz sentir frustrada, zangada ou irritada?
- ❖ O que a faz sentir decepcionada, triste ou magoada?
- ❖ O que a faz sentir receosa, preocupada ou temerosa?
- ❖ O que a faz sentir arrependida, constrangida ou envergonhada?
- ❖ O que você deseja, quer ou precisa?
- ❖ O que você estima, entende ou em que você confia?

Use aproximadamente uns noventa segundos para responder a cada uma das seis perguntas e compartilhe o que surgir. Se a pergunta for sobre raiva, mas surgir tristeza, então, fale sobre o que a deixa triste, mas dedique um momento para pensar no que a deixa com raiva. Use esse guia para ajudá-la a olhar para dentro e compartilhar o que você encontrar.

As conversas ajudam a libertar as mulheres do cadeado da testosterona de estabelecer e alcançar objetivos. A mulher não está apenas abrindo mão da expectativa de que seu parceiro mude como resultado da conversa, mas também da idéia de que a Conversa de Vênus deve sempre ser purificadora. Mesmo se permanecer numa resposta específica trouxer uma sensação boa, depois de alguns minutos, é melhor passar adiante, para a próxima pergunta. Limitar o tempo para cada resposta treina a mente da mulher para examinar os sentimentos com mais eficiência e também a auxilia a passar de um sentimento para outro de forma eficaz.

---

Limitar o tempo da Conversa de Vênus treina
a mente e o o corpo para liberar o estresse
num período mais curto de tempo.

---

Com Conversas de Vênus regularmente agendadas, o homem estabelece um novo hábito de ajudar sua parceira a baixar seu nível de estresse. E, quando a mulher está feliz, seu parceiro provavelmente também estará. Como um efeito colateral maravilhoso, esse processo o auxilia a manter seus níveis de testosterona na presença dela. Ao longo do tempo, sua habilidade de ouvir progredirá drasticamente e ele irá incluí-la em seu processo de raciocínio e de tomada de decisão. A melhor atitude é abrir mão de todas as expectativas. Não espere fogos de artifício. Se isso acontecer ocasionalmente, ótimo.

## Seguindo diretrizes básicas

Muitas mulheres presumem que seus parceiros não se interessariam pelas Conversas de Vênus, mas elas se enganam. Quando lê as diretrizes básicas e se conscientiza dos inúmeros benefícios que trará a ela, o homem geralmente fica muito feliz em ajudar. É importante que a mulher o deixe saber cada vez que ele der uma grande ajuda. No começo, o processo pode parecer um pouquinho mecânico, mas, aos poucos, se tornará natural. Passará a ser uma interação significativa pela qual ela ansiará.

> As Conversas de Vênus podem parecer mecânicas no início, mas acabam se tornando naturais e espontâneas.

Usar os seis Pontos das Conversas de Vênus torna o processo mais fácil no começo. Depois que você pegar o jeito, pode pensar que não precisa mais dos pontos. Eu recomendo que continue a usá-los. Os pontos são elaborados para distanciar a mente da resolução de problemas e mantê-la focada em seus sentimentos. Adicionalmente, eles dão ao homem algo a fazer.

É assim que deve transcorrer uma Conversa de Vênus:

1. Ele lê a primeira pergunta.
2. Ela começa a falar.
3. Depois de noventa segundos, ele diz: "Obrigado", e então faz a pergunta seguinte.
4. Se ela parar de falar antes de terminarem os noventa segundos, ele pode dizer: "Obrigado, conte-me mais."
5. Em tempo algum ele deve lhe oferecer conselhos, sugerir que ela diga algo, se desculpar ou prometer fazer algo.
6. Em momento algum é esperado que ele resolva os problemas dela ou responda suas perguntas.
7. Esse é um momento para ela diminuir o estresse e desenvolver o hábito de compartilhar sem ser movida por um objetivo.
8. Quando terminarem, ela deve dizer algo como: "Obrigada por ouvir, isso realmente ajuda. Eu me sinto muito melhor."
9. Abraço forte.

Algumas mulheres gostam e precisam dessa estrutura, enquanto outras estão muito felizes só de falar sobre o que é estressante e as incomoda, como no cenário do começo deste capítulo. Sugiro que você utilize os Pontos das Conversas de Vênus muitas vezes antes de se perguntar novamente se quer utilizá-los. Essas perguntas se provaram imensamente úteis para milhões de pessoas. Ensinei essa técnica numa variedade de formas por mais de 25 anos.

> Utilize os Pontos das Conversas de Vênus muitas vezes antes de decidir se quer continuar a usá-los.

Se você usar os pontos de conversa o suficiente, incorporar os pontos e as perguntas pode ser desnecessário a você. Logo que começar a praticar as Conversas de Vênus, é mais fácil se não focar nenhum sentimento em relação ao seu parceiro. Há muitas outras coisas sobre as quais falar. À medida que você ficar mais hábil, está tudo bem falar sobre ele, se você assim deseja. A essa altura, ambos entenderão que estão apenas compartilhando seus sentimentos e que você não está exigindo mais dele, nem pedindo que ele mude.

À medida que as mulheres abrem mão de tentar mudar os homens, eles começam a ter mais energia para se lembrar de seus sentimentos românticos e dão aquele tipo especial de ajuda. Ter Conversas de Vênus agendadas é uma forma de diminuir o estresse para que você fique mais receptiva e desfrute de seu relacionamento quando seu parceiro estiver romântico.

## Por que as Conversas de Vênus funcionam para ele

Quando o homem não tem de consertar nada, mudar de nenhuma forma, nem se sentir mal, então, seu cérebro fica livre para focar numa tarefa: ouvir. Quando não tem de se defender ou decidir o que precisa fazer com a informação que ela lhe deu, ele consegue ouvir mais daquilo que ela está tentando dizer. Esse tipo de enfoque a auxilia na descoberta do que ela está sentindo. Como autor, eu freqüentemente escrevo para descobrir o que sei. Como palestrante, eu freqüentemente falo para aprender melhor o que já sei. De forma semelhante, as mulheres podem falar para descobrir o que estão sentindo.

> Quando o homem ouve, ajuda a mulher a descobrir seus sentimentos.

Pode ser muito dispersivo para as mulheres falar com um homem, pois toda vez que levanta um assunto, ela se preocupa com a forma de abordá-lo ou com a reação que ele terá. Durante uma Conversa de Vênus, ela fica livre para dizer praticamente qualquer coisa, e ele não perderá a linha. Torna-se mais fácil para ela passar por seus sentimentos negativos para descobrir os positivos que sempre estão ali.

Conversas de Vênus regulares facilitam a comunicação. Elas tiram a pressão da mulher de obter a atenção do parceiro e tiram a pressão dele de resolver os problemas dela. As Conversas de Vênus libertam os casais para os parceiros se entenderem mutuamente e superarem o fardo do estresse que carregam.

## Homens e sentimentos

A essa altura, você pode estar pensando se o homem precisa falar de seus sentimentos. O homem gosta de compartilhar sentimentos, mas pode fazê-lo depois que fizerem amor, ou enquanto estiverem vendo o pôr-do-sol ou o luar. Compartilhar sentimentos é uma forma que os homens têm de se ligar, mas não é a melhor forma para liberar o estresse.

> Compartilhar sentimentos não é a melhor forma para o homem liberar o estresse.

Para um homem, pode ser útil examinar e compartilhar seus sentimentos superando seu passado na terapia, ou ajudá-lo a passar por uma época muito estressante. Ele terá melhores resultados se o fizer num diário, com um consultor de relacionamento ou conselheiro, ou alguém que não seja sua parceira romântica. Ela pode ajudá-lo dando bastante espaço e reconhecendo o que ele faz.

Quando o homem se importa com os sentimentos de sua parceira romântica, sua atração cresce. Quando se envolve demais na forma como seu parceiro se sente, a mulher tende a ser mais maternal e guiada por metas, assumindo responsabilidade demais por ele. Isso não somente o enfraquece, como também coloca um fardo adicional sobre ela.

Em vez de recorrer ao apoio emocional de sua parceira, o homem pode lidar melhor com seu estresse ao resolver problemas e ao estar presente para ela. Ter Conversas de Vênus por ela é particularmente bom para o homem quando ele está passando por uma época estressante. Focar nos problemas dela pode ser um alívio significativo para ele. Por esse motivo é que os homens freqüentemente assistem ao noticiário. Ao se concentrar nos problemas dos outros, ele temporariamente esquece os seus.

Em vez de ter de lidar com todas as causas de estresse em sua vida e se sentir responsável por todos os problemas, ele pode fazer algo de concreto que irá ajudar sua parceira. Ao fazer essa tarefa única e simples de ouvir por um tempo, ele pode deixar de fazer todas as outras coisas. Ajudá-la nesse sentido, na verdade, também o ajuda.

---

Ao dedicar seu tempo para ouvir, o homem pode temporariamente abrir mão de suas outras pressões.

---

Ironicamente, à medida que o homem sente não precisar fazer mais por sua parceira, ele começa a fazer mais. Um entendimento maior quanto ao que ela está experimentando o estimula a gerar uma energia extra para ser mais afetuoso, planejar diversões e momentos românticos e concluir suas tarefas ao redor da casa.

Seguir as diretrizes das Conversas de Vênus facilita muito a comunicação entre Marte e Vênus. O homem não precisa entender os sentimentos dela e encontrar uma solução ao mesmo tempo. Isso faz com que ouvir seja bem mais fácil. Em Marte, os homens demonstram sua afeição ao fazer ou dizer algo para resolver o problema. Na Conversa de Vênus, ouvir é a única coisa que ele faz para resolver o problema.

Lembre-se: a capacidade do homem de empatia não é nem de perto tão desenvolvida como a da mulher. A parte emocional do cérebro é duas vezes maior na mulher; o centro de estresse no cérebro do homem, a amídala, é duas vezes maior, e está diretamente ligado aos seus centros de ação. Sua natureza guiada pela testosterona busca a resolução dos problemas imediatamente. Quando compreende que ouvir pode solucionar o maior problema dela, que é aumentar os níveis de oxitocina, ele consegue fazer isso com facilidade.

Com a prática, a parte de empatia de seu cérebro começará a se desenvolver. Esse é o milagre do cérebro. Se nós não o utilizarmos, o perdemos. Se nós desafiarmos nosso cérebro ou repetirmos um comportamento, novas células cerebrais crescem e novos ligamentos neurais são formados. À medida que o homem pratica a Conversa de Vênus com sua parceira, gradualmente crescerão suas habilidades para sentir empatia e compaixão. Esse novo homem traz esperança para o futuro. Ele não é um homem que passou a ser parecido com uma mulher, mas um homem que aprendeu a ouvir com seu coração.

CAPÍTULO 10

## BUSCANDO O AMOR EM TODOS OS LUGARES CERTOS

Para fazer de seu relacionamento um refúgio do estresse de todos os outros lugares de sua vida, é preciso perder a expectativa ou a esperança de que seu parceiro seja perfeito. Embora possa parecer pouco romântico não esperar a perfeição de seu parceiro, o oposto é verdade. Não há nada mais maravilhoso do que amar alguém completamente pelo que aquela pessoa é, com falhas e tudo. Aprender a sentir e expressar o amor real de várias maneiras é o motivo pelo qual estamos neste mundo.

Abrir mão da noção de que seu parceiro deve ser a fonte primordial de amor em sua vida é uma das decisões mais inteligentes que você pode tomar. Nesse caso, você não está se acomodando num relacionamento que não lhe dá tudo o que você quer e precisa; em vez disso, está abraçando e reconhecendo o apoio que um relacionamento pode dar. Reconhecer as limitações de alguém possibilita uma abordagem realista que quase todos os casais felizes no casamento aprendem a adotar de alguma forma.

---

*Ajustar nossas expectativas não significa que nos contentamos com menos.*

---

Quando nos comprometemos em obter o amor e o apoio que precisamos na vida, sem colocar esse fardo exclusivamente em nosso parceiro romântico, criamos uma cascata hormonal que pode trazer o amor de volta repetidamente. Sempre que você sentir que não está obtendo o suficiente de seu relacionamento, tire um momento para se lembrar do princípio 90/10. Assuma a responsabilidade de baixar seu estresse e se sentir bem; então, será fácil para seu parceiro a fazer se sentir ótima. Há muitos lugares em que homens e mulheres podem procurar o amor e o apoio extra que precisam para elevar seu medidor de felicidade para 90%. Ao assumir a responsabilidade de suprir e ser suprido por outras fontes de amor e apoio, você alivia seu parceiro desse fardo impossível.

> Ao encontrar apoio e amor independentemente de nossos parceiros, nós os aliviamos desse fardo impossível.

Essas outras fontes de apoio são como vitaminas do amor. O amor romântico que nosso parceiro nos dá é apenas uma vitamina. Se nós estamos deficientes dessa vitamina, tomá-la faz uma imensa diferença em nossa saúde e nosso bem-estar. Se estamos deficientes em todas as outras vitaminas, estaremos doentes demais para nos beneficiarmos do apoio que nosso parceiro nos dá, independentemente da quantidade que for dada.

Em vez de se sentir tolhido em seu relacionamento, você pode ser grato pelo que tem. Essa mudança de perspectiva pode mudar a sua vida. Por exemplo: se seu parceiro não gosta de dançar, então, você pode ser grato por ter amigos que gostam. Esta é a base para fazer todos os seus sonhos se tornarem realidade. Quanto mais você foca em ter o que quer e precisa, mais terá. Se você continua a focar no que não quer, então, aquilo é tudo o que você vê e é o que você obtém.

Outra expectativa nada saudável vem de querer que seu parceiro seja exatamente como você. Se isso fosse real, jamais haveria qualquer novidade. Preferências e gostos em comum podem confortar, mas o excesso de conforto pode causar tédio. As diferenças entre o homem e a mulher geram atração e paixão. Além de reconhecermos e prezarmos nossas diferenças, também precisamos criar alguma distância. Para experimentar a empolgação de estarem juntos, é preciso passar um tempo separados.

> Para experimentar a empolgação de estarem juntos,
> é preciso passar um tempo separados.

Você irá esgotar suas reservas de energia e aumentar o estresse em seu relacionamento se esperar que seu parceiro seja sua fonte primordial de realização. Quando você assume a responsabilidade pela sua vida e sua realização, então, e somente então, você diminuirá os efeitos do estresse em seu relacionamento. Isso não significa que sua vida ou seu relacionamento serão perfeitos, mas significa que você está mais bem equipado para equilibrar as limitações de seu relacionamento com muitas bênçãos que seu parceiro e sua vida trazem.

Neste capítulo, nós examinaremos muitas fontes de amor e apoio que irão aliviar o estresse e enriquecer sua vida.

## Como encher seu tanque

Após ter assumido a responsabilidade de 90% de sua realização ao se dedicar a atividades geradoras de oxitocina, você já está quase lá, pois seguir em frente lhe trará muito prazer. Embora você possa ter freqüentemente a impressão de passar de uma crise para outra e não ter tempo para encaixar outra atividade em sua vida cheia de compromissos, buscar qualquer uma das sugestões das páginas seguintes terá um efeito tão positivo que você ficará inspirada a fazer mais. Você tem de tentar alcançar um equilíbrio em sua vida. Ao dedicar um tempo para você e cuidar de si mesma, você será capaz de realizar mais e dissipar aqueles efeitos limitadores do estresse.

Há três pontos nos quais se pode encontrar o alívio para o estresse em sua vida:

- ❖ Nutrindo sua vida interior
- ❖ Construindo uma rede de apoio
- ❖ Vivendo bem

Considerar as formas diferentes de enriquecer sua vida abrirão a experiência de uma profunda realização, que manterá o estresse sob controle.

## Nutrindo sua vida interior

A menos que você se aceite e alimente o que tem de melhor, terá dificuldade de construir um relacionamento profundo e duradouro com outra pessoa. Nas páginas a seguir, vamos considerar formas específicas para nutrir uma vida interior forte, que tornará a ligação com outras pessoas algo menos estressante e tumultuado.

Para encontrar fontes de força interior, busque:

❖ Olhar para si mesma
❖ Apoio espiritual e inspirador
❖ Suas prioridades
❖ Terapia individual ou aconselhamento

### *Olhe para você*

Para aceitar o amor dos outros, você precisa primeiro amar a si mesma. Tratar de si com gentileza, respeito e compaixão é a base para se sentir bem. Quando você não consegue gerar um sentimento de bem-estar e aceitação pessoal, não é realista esperar que seu parceiro o faça se sentir bem sobre si mesma. O apoio dele ou dela jamais será suficiente, pois você precisa de uma imagem pessoal saudável antes que possa acreditar no apoio ofertado por outra pessoa.

No começo de um relacionamento, apenas estar com seu novo amor faz você se sentir bem. Você se vê refletida nos olhos dele. Depois que a novidade passa, você precisa focar mais no ato de amar a si mesma.

Uma forma de se amar é fazer para você mesma o que faria para alguém que você ama. Outra é tratar seu corpo com cuidado extra. Comer comidas deliciosas e saudáveis é uma forma de se amar, assim como fazer exercícios e ter sono suficiente. Não deixar que outros a destratem ou passem por cima de você irá fazê-la se sentir bem quanto a si mesma. Ao focar nas maneiras de amar a si mesma, você abre a porta para que outros também a amem.

## Busque apoio espiritual e inspirador

Apoio espiritual ou inspirador, tão importantes em nossas vidas, se tornam algo ainda mais significante sob estresse extremo. Se você não tem um relacionamento com um poder superior e não está se esforçando, de alguma maneira, para se conectar com um potencial maior dentro de si mesma, será guiada por uma expectativa irreal de que você e seu parceiro sejam perfeitos. A exigência insalubre da perfeição é um sintoma de não aceitação da necessidade de ligação com alguma força superior, de não ver sua vida no grandioso projeto de tudo. Em alguns casos, terapia e seminários de crescimento pessoal podem ajudar a atender a essa necessidade, já que tais atividades irão auxiliá-la a descobrir e acreditar em seu potencial interior.

## Busque suas prioridades

Se você não seguir prioridades claras de suprir e ajudar a si mesma e sua família, em primeiro lugar, torna-se muito fácil sentir que seu parceiro não a está tratando como prioridade. Foque mais no que é importante e desista de tentar ser tudo para todos. Não tente alcançar todos os seus objetivos amanhã. Somente quando tiver suas prioridades acertadas é que você poderá ser receptiva para obter mais apoio de seu relacionamento. Homens e mulheres têm de priorizar o alívio do estresse diariamente.

## Procure terapia individual ou aconselhamento de vida

Se você tem questões de infância não resolvidas, ou problemas emocionais sérios, é muito importante lidar com eles de forma separada de seu parceiro. A terapia individual ou o aconselhamento não apenas podem ser realizadores e revigorantes, mas também liberar o desejo pouco saudável de que nossos parceiros sejam professores, guias, e pai ou mãe, tudo ao mesmo tempo.

Com sessões individuais, você terá a oportunidade de arejar seus pensamentos e sentimentos, como também examinar seus objetivos e suas estratégias, sem ter de se preocupar com o fato de magoar alguém ou ser responsabilizada por algo que disse. Muitos relacionamentos são arruinados quando as pessoas não têm mais ninguém com quem falar. Ou elas se reprimem, sem colocar os sentimentos para fora, ou seus pensamentos e seus sentimentos negativos podem aflorar nos momentos mais inapropriados.

Lembre-se: são necessárias duas pessoas para gerar um conflito, mas apenas uma para começar a resolvê-lo. Quando você resiste, se ressente ou rejeita uma situação, isso não apenas lhe gera um preço a pagar, mas inibe a possibilidade de resolução e mudança positiva. De várias maneiras, o mundo é um espelho de nosso humor. Se o deixarmos nos manter por baixo durante muito tempo, perdemos o contato com nossa habilidade interior de criar ao inspirar os outros a dar o seu melhor. E, se não podemos mudar os outros, ao menos podemos utilizar situações desafiadoras para dar o nosso melhor. Quando você está mais ciente de como pode contribuir para a resolução de um problema, pode fazer pequenos ajustes em suas ações e em seu comportamento que resultarão numa imensa diferença em todos os seus relacionamentos, em casa e no trabalho.

Se você precisa falar e não sabe a quem recorrer, pode obter ajuda em www.marsvenus.com. Nós damos aconselhamento *online* e telefônico sempre que você achar necessário. Às vezes, a pessoa não quer assumir o compromisso de uma terapia regular, mas simplesmente precisa falar com um conselheiro treinado. Há um conselheiro Marte/Vênus disponível sempre que você precisar e por quanto tempo quiser. Você pode agendar um horário regular, ou simplesmente ligar naquelas horas de estresse e confusão.

## Construindo uma rede de apoio

O isolamento é o fator que mais colabora para o estresse crescente que todos estão passando. As pessoas trabalham tão duro que têm menos tempo para se socializar. As famílias se espalham pelo país, de modo que a rede de segurança familiar está fora do alcance de muitos. Os DVDs e as compras via internet possibilitam que as pessoas fiquem em casa, reduzindo suas interações com os outros. Os BlackBerries e telefones celulares podem fazer com que as pessoas se sintam em contato, mas muita de nossa comunicação é apenas digital. Amizades cibernéticas e sites interativos podem dar apoio, mas existem apenas na rede virtual. Nós também precisamos de interações pessoais.

O fato é que agir sozinha não reduz o estresse. Embora seja mais difícil para as mulheres do que para os homens, eles também precisam de interação e apoio pessoal. O isolamento do mundo pode zerar uma quantidade imensa de pressão em seu parceiro. Você precisa equilibrar a dependência que tem por seu parceiro para o contato humano ao desenvolver relacionamentos com outros. Você deve buscar:

- ❖ Familiares
- ❖ Amigos
- ❖ Trabalho e colegas de trabalho
- ❖ Mentores
- ❖ Grupos de apoio
- ❖ Outros casais

### *Procure membros da família*

Hoje em dia, uma das maiores fontes de estresse, principalmente para as mulheres, é a fragmentação da família. A família é certamente importante para os homens, mas é muito mais para as mulheres. Manter-se em contato e passar tempo com a família supre a alma da mulher. Se você negligencia essa necessidade, irá esperar que seu parceiro preencha esse vazio.

Seus pais provêm um tipo especial de apoio, baseado em seu passado e sua história. Esse apoio gera uma sensação de pertencimento a algo e de segurança. Sem esse alicerce, você pode se achar buscando em seu parceiro apoio paternal ou pode se comportar como pai ou mãe dele. Olhar para seu parceiro como substituto de seus pais pode ser muito supridor, no início, mas acabará fazendo com que acabe o romance ou a paixão.

Se você estiver em busca de apoio paterno ou materno e, por qualquer motivo, não consegue obter esse apoio de seus pais, então, procure um terapeuta. Um terapeuta ou um conselheiro de relacionamento é alguém mais apropriado para suprir suas carências e compensar pelo que tenha faltado em sua infância.

## *Busque suas amizades*

Quando você não tem tempo para suprir suas amizades, espera que seu parceiro preencha esse vácuo. A necessidade de amizades deve ser atendida; de outro modo, você irá recorrer a seu parceiro de forma excessiva. As mulheres esperam que seus parceiros sejam tão maleáveis e descontraídos como suas amigas. Muitos casais cuja paixão se esgota se sentem como se seus parceiros fossem seus melhores amigos. Eles fariam melhor se encontrassem um melhor amigo fora do relacionamento. Nós ainda podemos ser amigos, mas uma distância saudável pode acender e manter a centelha de sentimentos de atração.

## *Busque trabalho e seus colegas de trabalho*

Se você tiver sorte, aquilo que faz para viver também é uma paixão. Mesmo se seu trabalho não for tão satisfatório, ao menos você tem uma fonte de ligação com seus colegas, clientes e todos que trabalham em sua área. Ingresse em organizações profissionais e equipes do escritório, e contribua com eventos beneficentes para ampliar sua base de apoio.

Se você não trabalha fora, há muita coisa que pode fazer para contribuir com sua comunidade e várias instituições de caridade. Você estará trabalhando com outros por objetivos comuns, ajudando os menos afortunados, e isso irá fazer muito pela geração de oxitocina e testosterona.

Quando você não possui um trabalho significativo em sua vida, espera que seu parceiro torne sua vida mais significativa. Um parceiro romântico nunca pode ser um substituto para sua necessidade de fazer a diferença no mundo. É muito importante se sentir contribuindo de alguma forma para o bem-estar dos outros. Tais atividades a farão se sentir conectada e ajudarão sua valorização própria. Se você não passa pela experiência regular de ser valorizada fora de casa e da família, se tornará excessivamente dependente de seu parceiro para se sentir bem. As mulheres começam a sentir como se não fizessem diferença para seu parceiro e os homens ficam temperamentais.

*Procure um mentor*

Encontre uma pessoa mais velha a quem você respeite e confie para aconselhar você. Seja um contato profissional ou social, seu mentor já passou por muita coisa, e você pode se beneficiar de sua experiência. Seu mentor deve ser capaz de lhe dar conselhos práticos, aprendidos a duras penas, assim como uma perspectiva tranqüila sobre os reveses da vida. Sem um mentor, tendemos a ser muito duros conosco pelo fato de não termos todas as respostas e lamentamos pelo fato de nossos parceiros não serem mais sábios.

*Busque algum tipo de grupo de apoio*

Um dos maiores estimulantes hormonais em nossas vidas pode ser um grupo de apoio com membros do mesmo sexo. Os grupos de apoio femininos têm um efeito tremendamente positivo nos níveis de oxitocina da mulher, por meio da ternura e da amizade, para a redução do estresse. Só o fato de estarem reunidas eleva os níveis de oxitocina das mulheres. Agendar algumas horas semanais para compartilhar com as amigas o que está se passando em sua vida pode fazer uma enorme diferença. Pode ser um grupo de leitura, ou para jogar cartas semanalmente. Pode ser uma aula de aeróbica, e depois dar uma parada com as amigas para tomar um café. Essas trocas são importantes para encher seu tanque.

Hoje em dia, as mulheres estão perdendo o estímulo hormonal proveniente das ocasiões em que compartilham, se comunicam, se solidarizam e colaboram num contexto não pautado pelo trabalho. Apenas conversar sobre o que está se passando em sua vida, sem a intenção de consertar ninguém ou resolver nada, se revela uma das coisas mais práticas que você e suas amigas podem fazer. Apenas a expectativa pelos encontros já manterá os níveis de oxitocina elevados.

O mundo profissional freqüentemente dá aos homens esse tipo de apoio, mas um grupo de apoio masculino pode dar a ele a oportunidade de expressar o que está se passando em sua vida sem que precise escolher o que dizer. Ir ao cinema com amigos, estar num time esportivo ou simplesmente ir a um evento esportivo com "os caras" pode estimular a produção de testosterona. Estar com mulheres ou sua parceira por muito tempo pode, na verdade, reduzir os níveis de testosterona do homem. Ele pode começar a se sentir cansado na presença dela, ou como se não pudesse respirar livremente ao seu redor. Isso não é culpa dela. É simplesmente por não estar tendo tempo suficiente com seus amigos.

Isso é particularmente importante quando o homem trabalha em um ambiente dominado por mulheres, como, por exemplo, moda, publicidade, escolas e hospitais. Cercado de mulheres, o homem pode facilmente se tornar exausto, se não se renovar com outros marcianos.

## *Procure outros casais*

Estar com seu parceiro e passar tempo com outros casais dá um grande impulso em seu relacionamento. Isso tem muitos benefícios. Permite que você esteja na presença de seu parceiro e o veja através dos olhos alheios. Isso aumenta a sensação de novidade.

Quando você passa um tempo com outros casais, conta velhas histórias ou discute o que está se passando em sua vida. Normalmente não levantaria essas questões, pois seu parceiro conhece as histórias de sua vida. Como seus amigos não ouviram todas as histórias ou o que está acontecendo em sua vida, uma sensação de novidade é estimulada em todos.

Falar com outros casais sobre atualidades, filmes e exposições em cartaz irá ampliar sua perspectiva e seus interesses. Ouvir seu parceiro expressando suas opiniões irá ajudá-la a reconhecer as perspectivas dele ainda mais. Conversar com a mesma pessoa ao longo dos anos tende a fazer aflorar as mesmas respostas. Conversar com outros irá evocar novas opiniões e idéias. Embora esteja conversando com outro casal, as novas perspectivas que você expressa também são reveladas ao seu parceiro.

## Vivendo bem

Uma vez ampliada sua base de contatos para encher seu tanque sem depender de seu parceiro, você pode olhar para a forma como vive sua vida. Quanto mais você tem aquilo que a engaja e fascina na vida, mais interessante você se tornará. Quanto mais você se vê com o que amplia sua mente e seu coração, mais energia e entusiasmo terá. O estresse não conseguirá distorcer sua visão, nem deixá-la de baixo-astral. Se você quer viver uma vida prazerosa sem que seja irrompida pela tensão e pela pressão, procure olhar para:

- ❖ O que você come, como se exercita e o quanto dorme
- ❖ Sua agenda
- ❖ Descanso, recreação, passatempos e férias
- ❖ Ocasiões sociais especiais
- ❖ Formação contínua
- ❖ Apoio incondicional para crianças, desprivilegiados ou bichos de estimação
- ❖ Livros, filmes, teatro, arte e televisão
- ❖ Ajuda externa

*Veja o que você come, como se exercita e o quanto dorme*

Sem uma dieta saudável, um plano alimentar, muitas pessoas passam por mudanças de humor, ansiedade e depressão. Entender quais alimentos consumir para alcançar uma ótima saúde pode fazer uma enorme diferença na forma como você lida com o estresse.

Apenas aprender a excluir alguns tipos de alimento pode minimizar a fadiga e reduzir o estresse em alguns dias. Também existem alguns minerais que podem imediatamente alavancar químicas saudáveis no cérebro, como a dopamina e a serotonina, que nos fazem sentir bem. Meu último livro, *The Mars and Venus Diet and Exercise Solution*, detalha um programa para garantir uma ótima saúde para homens e mulheres.

Comer corretamente e dedicar algum tempo para se exercitar toda semana irá fazer uma diferença substancial em sua auto-estima e seu bem-estar. Até os exercícios moderados, durante algumas horas da semana, podem ajudá-la a se sentir bem em relação a si mesma. Além de nutrir o bem-estar, fazer exercícios ao acordar irá ajudá-la a dormir melhor à noite. Você sabe quanto se sente melhor após uma boa noite de sono.

Para aqueles que precisam de uma ajuda extra para se exercitar, eu tenho um DVD em que apareço fazendo a série dos exercícios Marte/Vênus. Você pode saber mais sobre dietas e sobre esse programa específico de exercícios em www.marsvenus.com, ou em meu *Mars Venus Relationship Makeover Program* (Programa de Transformação de Relacionamento Marte/Vênus).

Para restaurar níveis hormonais ideais e para que nossos corpos se recuperem do estresse diário, precisamos obter ao menos oito horas de sono por noite. Aqueles que conseguem vivem por mais tempo e são mais saudáveis.

Com tanta exposição a toxinas químicas no ar, na água, em nossos alimentos e no meio ambiente, precisamos dar a nossos corpos a chance de se purificarem em nível celular. Quando as toxinas são liberadas com êxito, nossas células podem receber não apenas mais nutrientes, mas também mais oxigênio. Além de lhes dar mais energia, o aumento da oxigenação das células também pode eliminar muitas doenças ameaçadoras.

A purificação é uma das práticas mais antigas da história. Toda cultura e toda religião inclui algum tipo de processo purificador ou de jejum a ser observado ocasionalmente. A necessidade de purificação é ainda mais importante hoje, quando estamos expostos a muito mais toxinas.

---
A necessidade de purificação é ainda mais importante hoje, quando estamos expostos a muito mais toxinas.

---

Quando você cuida de suas necessidades físicas e de si mesma de uma forma reconfortante, irá automaticamente começar a se sentir mais positiva quanto a si mesma e a sua vida. Irá se sentir uma vencedora, com amor de sobra e energia para compartilhar. Se você quiser saber mais sobre a redução do estresse e a purificação celular, veja o Anexo A: "Reduzindo o estresse através da limpeza celular."

## Olhe para sua agenda

Quando você não dedica um tempo para si mesma, freqüentemente irá sentir que seu parceiro não está dedicando tempo suficiente para você. Se você não pode estar presente para você primeiro, não espere que ninguém mais esteja. Idealmente, os casais ocupados devem sentar com um calendário e marcar uma hora para estarem juntos.

Quando marcamos momentos especiais na agenda, isso ajuda a mulher a se lembrar de que não está sozinha e tem algo pelo que esperar. Para o homem, a programação é muito importante; de outro modo, ele pode facilmente negligenciar o tempo para desfrutar de seu relacionamento. Ele fica excessivamente envolvido com os problemas de ser o provedor da família e se esquece de dedicar um tempo para estar com ela. Não percebe como o tempo passa rápido e quanto sua presença é necessária e estimada.

## Busque descanso, recreação, passatempos e férias

Quando você não dedica tempo ao relaxamento e à recreação, pode injustamente esperar que seu parceiro a entretenha e torne a vida divertida. Quando a vida se torna simples ou tediosa, você culpa seu parceiro, em vez de dedicar um tempo para se divertir sozinha. Pescar, pedalar, jogar pôquer, fazer apicultura, os homens precisam de algum tipo de passatempo regular que os ajude a tirar a cabeça do trabalho. As mulheres precisam de pequenas férias ou viagens regulares para fugir de todas as coisas que as lembram de tudo que têm a fazer. Comer fora é útil para a mulher, pois ela não tem a pressão de preparar o cardápio, fazer as compras, cozinhar e arrumar a cozinha. Embora essas tarefas possam ser uma grande fonte de realização, ela também precisa de uma folga.

## Busque ocasiões sociais especiais

Ocasiões como reuniões em família, aniversários, casamentos, cerimônias religiosas ou espirituais e comemorações como paradas, feiras, danças e shows públicos preenchem nossa necessidade de nos sentirmos especiais. Também podemos compartilhar nossos bons sentimentos com muitas outras pessoas. Sem essas experiências regulares, você pode recorrer demais ao seu parceiro para que ele a faça se sentir especial. Você não pode esperar que o romance resolva tudo.

## Busque prosseguir com sua formação

Uma grande fonte de novidade é continuar aprendendo. Aprender novas coisas não somente promove a produção de hormônios redutores do estresse, como também estimula o crescimento das células cerebrais e de novas conexões neurais.

Fazer um curso de extensão na faculdade, uma comunidade espiritual ou participar de um seminário de crescimento pessoal podem elevar nossos níveis energéticos.

Além de encontrar a novidade ao aprender novas coisas, isso também pode ser bom para você desenvolver novas habilidades. Fazer um curso para aprender uma nova técnica definitivamente traz algo atraente para sua vida. Faça aulas de culinária, dança, defesa pessoal, poesia, escrita, pintura ou desenho.

Ao estudar algo novo, você está no estado positivo de uma consciência principiante. Um dos motivos pelos quais as crianças pequenas têm tanto amor, energia e vitalidade é porque tudo é novo para elas.

Quando você faz aulas com alguém que se dedicou a um determinado assunto, um mundo novo se abre para você. Esse estado de espírito mais vulnerável abre sua consciência para prezar as maravilhas da vida e seu parceiro. Você verá seu parceiro com novos olhos e enxergará mais qualidades, que irá admirar e amar, exatamente como fazia no começo do relacionamento.

## Busque dar apoio incondicional para crianças, desprivilegiados ou bichos de estimação

Todos nós temos necessidade de dar e receber amor e apoio incondicionais. Quando o damos incondicionalmente, isso afirma sua fartura interior. Fazer isso irá lembrá-la de que você tem um lugar neste mundo e faz diferença. No fim das contas, nós estamos aqui para servir uns aos outros com amor e justiça. Essa verdade é freqüentemente perdida, esquecida com as pressões do mundo real. Nosso desafio na vida é lembrar essa visão inocente e integrá-la na forma como vivemos da melhor forma que pudermos.

Dar amor incondicionalmente é muito apropriado quando você dá àqueles que mais precisam de nós e têm muito pouco a retribuir, exceto amor. Ao cuidar de crianças, de um bicho de estimação, dos pobres ou deficientes, você não somente ajudará aqueles que mais estimarão o que você tiver a oferecer, mas também irá experimentar a alegria de dar amor sem compromisso.

Um dos motivos pelos quais o relacionamento é tão maravilhoso no começo é que você dá amor generosamente. Você está se dando livremente, pois presume que isso irá voltar. Quando não recebe o que espera em retribuição, você começa a se retrair ou se ressente por seu parceiro dar menos. Nesses momentos, a fonte real de dor é porque você parou de se dar incondicionalmente.

---

*Nossa maior dor é quando paramos
de nos dar livremente.*

---

Ao dar amor intencionalmente àqueles que não podem retribuir, você lembra a si mesma da alegria da doação incondicional. Você regressa à sua sensação de plenitude e novamente se dispõe a deixar seu coração transbordar em seu relacionamento e em sua vida.

## Procure livros, filmes, teatro, arte e televisão

Uma grande fonte de novidade e estímulo é ler, assistir a filmes ou televisão e ir ao teatro. Assegurar-se do tempo para obter o estímulo e o entretenimento de que precisa irá libertá-la da expectativa de que seu parceiro deve entretê-la.

Um bom filme de ação ou aventura pode estimular a produção de testosterona para o homem, assim como uma comédia romântica pode fazer maravilhas para subir os níveis de oxitocina da mulher. Ler um bom livro pode ser um excelente redutor de estresse que a conduzirá a outro mundo ou mostrará novas idéias. Ver uma apresentação de arte, música ou dança pode elevar seu astral, lembrando o que podemos alcançar.

Ouvir as histórias dos outros irá aumentar sua consciência em relação a si mesma e à história de sua vida. Isso irá libertá-la de ter seu parceiro como o centro de sua vida, excluindo outras fontes de amor e apoio. Nesse sentido, o entretenimento pode lembrá-la de buscar o amor em todos os lugares certos.

## Busque ajuda externa para aliviar o estresse

Com tanto a fazer em tão pouco tempo, não é realista que os casais esperem que o outro mantenha um lar da forma que seus pais faziam sem ajuda externa. Ter mais a fazer do que a energia ou o tempo que possuímos gera estresse tanto para mulheres quanto para os homens. Ele não deve esperar que ela faça tudo. Se ele não tem energia ao fim do dia para completar o que falta, o casal deve procurar ajuda. Sem isso, os dois ficarão estressados demais para o bem-estar.

Mantenha em mente que, quando as mulheres cuidavam de toda a culinária e a limpeza, elas não iam trabalhar todos os dias. Da mesma forma que o homem precisa de uma folga ao fim de seu dia de trabalho, a mulher também precisa de tempo para descansar. Contratar ajudantes pode fazer uma grande diferença quando os casais simplesmente estão ocupados demais para fazer tudo.

Hoje em dia, o ritmo da vida é tão agitado que as mulheres que são donas-de-casa também precisam de ajuda. Freqüentemente, muitas horas do dia são utilizadas para levar as crianças a diversas atividades. A "criança de agenda cheia" é hoje uma realidade, e as mulheres passam horas dirigindo de um lado para o outro, levando seus filhos de um lugar para o outro. Essas mulheres merecem a ajuda que lhes permita algum tempo para si mesmas.

Se as mulheres passam longas horas fora de casa ganhando dinheiro, uma grande porção de seus ganhos vai para a contratação de auxílio, como uma empregada ou serviços de lavanderia. Se a função primordial de uma mulher é administrar o lar, ela provavelmente também precisa de ajuda. Sem esse apoio, ela pode facilmente se sentir sobrecarregada e manifestar uma pressão nada saudável sobre seu parceiro para que ele ajude. Se ele já está exausto após seu dia de trabalho, esperar que ele tenha mais energia para dar gera uma distância entre eles.

Se você não pode pagar alguém que venha a cada duas semanas para fazer a limpeza pesada, então, deve organizar as tarefas de maneira que alivie o estresse diário sobre quem faz o que e quando.

## Você tem tudo de que precisa, e sempre teve

Procurar pelo amor em todos os lugares certos é uma das melhores estratégias que eu conheço para ajudar os casais a tornar seus sonhos realidade. Não há nada melhor do que a sensação de ter mais a dar do que a perder. Mas essa estratégia vem com um alerta.

Embora obtenha amor e apoio dos amigos, você pode usar suas amizades contra você mesma e seu relacionamento se não tiver o comportamento correto. Em tais situações, você vira o apoio que recebe de amigos contra o seu parceiro. Aqui estão alguns exemplos de como você pode utilizar mal o apoio que recebe de relacionamentos externos e aumentar o estresse com seu parceiro:

- Meu amigo me aceita como sou, por que você não pode aceitar?
- Todos no meu trabalho me acham brilhante, mas você constantemente discorda de mim.
- Foi uma mostra maravilhosa. Eu gostaria que você tivesse vindo para que pudéssemos ver juntos.
- Todos no meu grupo de apoio me entendem. Por que você não consegue entender?
- Eu gosto tanto de jardinagem. Queria que você gostasse tanto quanto eu.
- Sei que você não gosta de filmes de ação, mas a esposa de Billy vai com ele.
- O marido de Carol é um bom cozinheiro. Gostaria que você ajudasse na cozinha.
- A feira é uma experiência comunitária maravilhosa. Seria tão bom se você a compartilhasse comigo. Eu não gosto de ir sozinha.
- Eu me diverti tanto na aula de dança. Nem sei por que me dou o trabalho de aprender. Você só quer ficar sentado na frente da televisão.
- Mas que pôr-do-sol lindo, e você nem notou. Está ocupado demais fazendo ligações.
- Olhe aquele casal amoroso. Eu me lembro de quando você me abraçava daquele jeito.

Cada uma dessas afirmações foca no que você não está obtendo de seu parceiro, ignorando o apoio que de fato recebe. Em vez de sentir gratidão e realização pelo que está recebendo do mundo, você usa isso para frisar o que está faltando. Em vez de ter mais para trazer para casa e dar ao seu parceiro, você tem menos. Em alguns casos, quanto mais você recebe do mundo, mais você se ressente pelo fato de seu parceiro não prover o mesmo tipo de ajuda.

É doloroso sentir que você não está obtendo o que merece; porém, é igualmente ruim se sentir ainda mais devedora. Ninguém gosta de se sentir em dívida. Sentimentos de obrigação podem arruinar amizades, mas matam o romance.

> Sentimentos de obrigação podem arruinar amizades,
> mas matam o romance.

Todos nós merecemos muito mais do que temos. É a vida. Sua tarefa é abrir seu coração e reconhecer onde você pode obter a ajuda que precisa. A vida é um processo de descoberta em que você tem tudo do que precisa e sempre teve. Neste momento, você tem exatamente o que precisa para seguir na direção de obter mais daquilo que merece. Você se limita demais se espera que seu parceiro faça tudo.

> A vida é um processo de descoberta em que você
> tem tudo do que precisa e sempre teve.

Sua felicidade e seu amor na vida são uma questão do que você escolhe focar e criar.

CONCLUSÃO

# CRIANDO
# UMA VIDA DE AMOR

Para criar uma vida de amor, paixão e atração, primeiro nós temos de lidar com o estresse. O romantismo não é possível se você estiver tenso, cansado ou sobrecarregado. Em vez de focar no romance, primeiro você precisa diminuir o estresse em sua vida.

As mulheres de hoje anseiam pelo romance porque é o mais poderoso produtor de oxitocina. À medida que mais mulheres alcançam a independência financeira ao redor do mundo, suas necessidades românticas crescem drasticamente. Mulheres bem-sucedidas dão um valor maior ao romance. O aumento da oxitocina produzida pelo romance é um antídoto poderoso contra o estresse proveniente do mundo profissional guiado pela testosterona.

Hoje em dia, até a mulher mais auto-suficiente irá reconhecer a necessidade de experimentar o amor romântico. Elogios, afeto, atenção, cortesia, flores, programas, surpresas, jantares à luz de velas e fazer amor são importantes como sempre, se não uma prioridade ainda maior.

Como você já viu, o homem pode marcar muitos pontos com a mulher ao aprender a fazer pequenas coisas que dizem "eu te amo" e, ocasionalmente, programar uma noite romântica ou uma viagem. Respaldos desse tipo elevarão os níveis de oxitocina da mulher e reduzirão seu estresse.

Em vez de esperar que o homem pense em romantismo, a mulher precisa lembrar que ele é de Marte e tende a pensar em termos de projetos com início e fim definidos. Ao obter êxito em ser romântico, ele pensa que já acabou. Para se assegurar de que seu parceiro continue atendendo às suas necessidades românticas, você não pode esperar que ele sempre lembre por conta própria. Certamente dá uma sensação mais romântica quando ele se lembra sozinho; mas, se não o fizer, então, cabe a você lembrá-lo.

Um dos maiores obstáculos do amor duradouro é que as mulheres sentem uma infinidade de desejos e carências, mas não as expressam. Os homens precisam ouvir pedidos claros, amistosos e curtos. No começo, o homem não precisa ouvir as carências e os pedidos de sua parceira, pois ele tem como objetivo estar sempre disponível para ela. Ele está constantemente pensando em formas de comunicar essa mensagem. Mais adiante no relacionamento, se ela não pede mais, ele presume que ela esteja obtendo aquilo de que precisa. Por outro lado, se ela reclama por ele não estar fazendo o suficiente, ele não sente vontade de ser romântico. Em Marte é quase impossível se sentir romântico com alguém que está reclamando por você não fazer o bastante. Lembre-se: o que estimula a testosterona é o sucesso, não o fracasso.

---

No começo, as mulheres não precisam pedir, pois os homens estão ávidos por agradar.

---

Pedir o que se deseja é sempre difícil em Vênus, mas pedir romantismo pode ser ainda mais difícil. É uma nova habilidade que pode ser aprendida. Quando a mulher se sente ignorada e menos importante do que o trabalho do seu parceiro, é difícil para ela pedir o que quer, principalmente romantismo. A única forma que algumas mulheres conhecem para pedir mais é reclamando. Infelizmente, essa abordagem é contraproducente e desencoraja o romance. A maioria das mulheres que reclamam já sente que não dará certo, mas não sabe que outra coisa fazer. Agora elas podem descobrir uma forma que funciona.

## Maneiras de pedir romantismo

Lembre-se de que é importante abordar o homem de uma forma positiva, com gratidão. Aqui estão alguns exemplos de como as mulheres podem pedir romantismo:

- Uma nova peça entrou em cartaz na cidade. Eu adoraria se você organizasse um programa para irmos assistir. Estou com vontade de sair só nós dois.
- Haverá um show em breve e eu comprei os ingressos. Você poderia marcar na sua agenda e me levar?
- Eu fui convidada para uma festa pela minha amiga Carol. Você poderia, por favor, me levar? Eu sei que você não gosta muito de festas, mas seria tão bom se você estivesse lá.
- Hoje eu tive um grande dia e gostaria de comemorar. Você faria reservas num restaurante para irmos jantar?
- Eu estava lendo sobre uma praia perto de Muir Woods. Vamos até lá no sábado? Vou preparar um piquenique. Você dirige?
- Eu cortei meu cabelo hoje. Gostei bastante. Sei que isso não é muito importante para você, mas é tão bom quando você nota e diz alguma coisa. Da próxima vez, você diria como estou bonita?
- Quando me vir toda arrumada para a festa, você me diria quanto acha que estou bonita? Sei que você acha, mas é tão bom ouvi-lo dizer.
- Eu comprei essas duas velinhas. Achei que seria divertido acender uma se eu estivesse no clima de fazer amor; ou você poderia acender quando estivesse no clima, e eu acenderia a outra para dizer que estava pronta.
- Você poderia, por favor, cuidar da louça esta noite? Eu não consigo fazer mais nada e queria tomar um banho de espuma.
- Estou planejando ir a uma mostra na Sociedade Histórica. Posso tranquilamente ir sozinha, mas adoraria se você me levasse.
- Às vezes sinto saudade de ouvir que você me ama. Eu sei que ama, mas é tão bom ouvi-lo dizer.
- Vamos mais devagar, eu realmente estou gostando disso.

Como você pode ver, cada um desses pedidos é direto, sucinto e positivo. Não há lista de reclamações para pedir o respaldo dele. Quanto menos palavras ela usa, mais fácil será para ele reconhecer e lhe retribuir como desejado.

## O amor conquista tudo

Para manter vivos o amor e a paixão, é preciso muito mais do que tentar repetir o que aconteceu tão facilmente no passado. Você tem de aprender novas técnicas e abordagens para reduzir o alto nível de estresse em sua vida, em parte resultante das mudanças de papéis entre homens e mulheres.

A menos que nos adaptemos a aplicar as estratégias discutidas em *Por que Marte e Vênus colidem*, podemos acabar enjoando um do outro e nos divorciando. Simplesmente reagir às mudanças da vida não é o suficiente. Você tem de tomar as rédeas de sua vida e corrigir a direção a ser tomada, repetidamente, de forma dinâmica. Você tem de trabalhar com seu parceiro e sua biologia para reduzir o estresse em suas vidas.

Você não pode simplesmente se portar e reagir da forma que se sentir naquele dia. Para amar alguém, você precisa escolher a forma como vai reagir, de forma deliberada e sábia. Quando você tornar seu parceiro mais importante do que você se sente, sentirá mais amor e conexão.

O amor é mais que um simples sentimento. O amor é um comportamento dominante que administra e organiza o que nós escolhemos fazer e como optamos reagir a favor daqueles com quem nos importamos. Por fim, nós não devemos dar amor para obter o que queremos. Em vez disso, o amor é uma recompensa.

## Realização interior

Se você pode aprender a baixar seu nível de estresse ao experimentar uma realização interior independente de seu parceiro, então, pode trazer de volta as sensações maravilhosas que tinha no início do relacionamento. Ao aplicar os *insights* encontrados nestas páginas, você pode superar diariamente o estresse que confronta você e seu parceiro. Com novas estratégias baseadas em nossas diferenças hormonais, podemos superar a tendência crescente dos homens de ser mais passivos e das mulheres de se tornar mais exigentes.

> Juntos, podemos superar a tendência crescente dos homens de ser mais passivos e das mulheres de se tornar mais exigentes.

Ao aprender esses novos métodos de lidar com o estresse, você irá preparar o alicerce para despertar e manter novamente o romantismo em seu comportamento e em suas reações. Durante esse processo, é vital lembrar que essas atitudes de consideração e confiança são automáticas em um relacionamento, mas mudam conforme o tempo passa. Esperar o romantismo automático em relacionamentos duradouros irá levá-la ao fracasso e à rejeição. Esperar que seu parceiro repita aqueles comportamentos, principalmente se ele está sob a influência de níveis progressivos de estresse, é algo fora da realidade.

A ironia nos relacionamentos é que no começo nós instintivamente fazemos exatamente as coisas que estimulam altos níveis de testosterona nos homens e oxitocina nas mulheres. Mas, à medida que o tempo passa, resistimos a fazer essas mesmas coisas que fazem com que nos sintamos ótimos.

Estude a tabela seguinte e lembre a si mesmo como nosso comportamento com nossos parceiros se modifica:

| MARTE NO COMEÇO E DEPOIS: | VÊNUS NO COMEÇO E DEPOIS: |
|---|---|
| Ele planeja um programa / Ele espera para saber o que ela quer fazer. | Ela fica encantada com os planos dele / Ela tenta melhorar aquilo que ele planejou. |
| Ele está interessado no que ela fez durante o dia / Presumindo já saber sobre seu dia, ele só diz "oi" e lê as notícias. | Ela fala dos problemas de seu dia / Ela expressa seus sentimentos ou reclamações sobre ele e o relacionamento. |

*(continua)*

| MARTE NO COMEÇO E DEPOIS: | VÊNUS NO COMEÇO E DEPOIS: |
|---|---|
| Ele faz um elogio a ela e tem gestos que confirmam que a ama / Achando que ela já sabe que ele a ama, ele deixa de expressar. | Ela compartilha seus interesses e suas preocupações / Sabendo que ele irá tentar resolver as coisas, ela compartilha suas preocupações em relação a ele. |
| Ele compartilha suas esperanças, seus planos e seus sonhos / Para evitar críticas ou correções, ele os mantêm ocultos. | Ela admira suas idéias e seus planos / Na tentativa de ajudá-lo, ela aponta o que está errado ou faltando em seus planos. |
| Ele faz uma infinidade de pequenas coisas para deixá-la feliz / Ele apenas foca nas coisas grandes, como ganhar a vida e ser provedor. | Ela gosta de fazer muitas coisas por ele / Ela se sente sobrecarregada por ter de fazer tanto. |
| Ele dedica bastante tempo ao sexo, de modo que as carências dela são atendidas / Ele presume que ela não precisa nem quer mais tempo. | Ela gosta de fazer sexo / Ela se sente cansada, sobrecarregada ou estressada demais para fazer sexo. |
| Ele se interessa por sua resposta / Ele recua, pois já ouviu aquilo antes. | Ela gosta da forma como ele faz as coisas / Ela oferece ajuda e conselhos sem que lhe sejam pedidos. |
| Ele planeja programas, viagens e férias / Ele espera para saber o que ela quer fazer, pois ela parece ter muito mais solicitações. | Ela gosta de dedicar tempo para fazer coisas divertidas / Ela resiste a tirar um tempo de folga, pois tem muito a fazer. |
| Ele começa dando a ela muito respaldo e atenção / Como ela lhe dá tanto em retribuição, ele presume que ela está obtendo o bastante e pára. | No início, ela dá e recebe amor livremente / Quando ela não está obtendo a mesma quantidade, ela dá mais, em vez de pedir mais ou tirar um tempo para si mesma. |
| Ele corre riscos e planeja coisas novas / Ele fica mais sedentário e faz menos ou repete as mesmas coisas. | Ela reconhece sua paixão / Ela abafa essa paixão, ao apontar erros dele do passado. |

*(continua)*

| MARTE NO COMEÇO E DEPOIS: | VÊNUS NO COMEÇO E DEPOIS: |
|---|---|
| Ele a cobre de amor e afeição / Ele se torna totalmente absorvido pelo trabalho. | Ela é feliz em lhe dar seu amor e seu apoio incondicionais / Quando seu apoio não é recíproco, ela se sente subestimada e ressentida. |
| Ele lhe traz flores / Como está fazendo as coisas grandiosas, como lhe prover e ser fiel, ele presume que não precisa fazer as pequenas coisas. | Ela o aceita do jeito que ele é / Ela espera que ele saiba e faça determinadas coisas. Se ela precisa pedir, já não conta. |

Quando estamos no estágio de lua-de-mel é fácil não nos deixarmos influenciar pelo estresse de nossas vidas. Uma vez que a novidade do amor passa, inevitavelmente nos tornamos vulneráveis àquele estresse maciço. Se você puder apenas lembrar que o comportamento amoroso de seu parceiro é apenas um vislumbre do que vocês podem ser juntos, isso gera esperança em vez de desespero. Tal visão deve motivá-la a assumir a responsabilidade por sua felicidade sem culpar seu parceiro. Essa atitude irá libertá-la para dar seu amor incondicionalmente.

> Uma vez que a novidade do amor passa,
> nós gradativamente nos tornamos vulneráveis
> ao estresse maciço de nossas vidas.

Um dos maiores atributos da mulher é a capacidade de ver o potencial de algo ou alguém. Quando está se sentindo bem, ela consegue ver todo esse bem em alguém; mas, quando está estressada, ela só vê o que há errado, ou que pode dar errado.

Quando uma mulher se apaixona, na verdade, até certo ponto, ela está apaixonada pelo potencial do homem. Se, com o passar do tempo, ficar estressada, ela pode perder toda essa visão e se tornar desesperançada. Sem esperança, tanto os homens quanto as mulheres perdem contato com suas habilidades de amar livremente.

Muitas mulheres desistem de seus relacionamentos por não terem a reciprocidade que seus parceiros lhes davam no início. Quando a afeição terna e o interesse intenso do começo se dissipam, essas mulheres acabam se retraindo.

Em vez de nos ressentirmos com nossos parceiros, precisamos focar na redução do estresse e em voltarmos a nos sentir bem. Ao começarmos a nos sentir bem, fica mais fácil auxiliar nosso parceiro na superação do estresse de sua vida. Às vezes, tudo o que é necessário para um homem se sentir melhor e dê mais em um relacionamento é saber que ele poderia facilmente fazer sua parceira mais feliz. Quando tudo que tem a fazer é superá-la, ele subitamente se torna bem mais disponível.

### Fazendo o que funciona

Se a testosterona de um homem está esgotada, ele se sente estressado demais para planejar um programa. Ele simplesmente não tem vontade. Não percebe que, se planejasse um programa, grande parte de seu estresse sumiria. Na verdade, planejar programas irá elevar novamente seus níveis de testosterona.

No trabalho, o homem não pensa duas vezes em fazer aquilo que não tem vontade de fazer. Ele as faz porque é preciso que ele realize a tarefa. Sua linha de raciocínio é assim: "Eu não quero fazer isso; porém, se é necessário, farei de bom grado." Ele pode aplicar essa postura em seu relacionamento, uma vez que se conscientize do que é preciso. Se ele quer manter a paixão e a atração vivas, precisa fazer certas coisas, mesmo que não tenha vontade.

---

> Para manter viva a paixão, nós precisamos fazer o que funciona, mesmo que não tenhamos vontade.

---

Com sua oxitocina esgotada, a mulher freqüentemente se sente sobrecarregada para fazer um programa. No entanto, se ela permitir que o homem planeje isso para ela, mesmo que o programa não seja exatamente o que ela queria, perceberá que começa a relaxar e fica feliz. Quando deixa que ele cuide dela, seu estresse é reduzido e ela começa a sorrir novamente. Ela pode não gostar totalmente do filme ou do restaurante, mas ficará grata por ele ter tido a iniciativa de planejar e cuidar de suas necessidades.

## Dando adeus para o romantismo

As estatísticas mostram que os homens voltam a se casar dentro de três anos após o divórcio, enquanto as mulheres levam uma média de nove anos. Muito mais mulheres do que homens nem se dão o trabalho. De inúmeras maneiras, acham que o casamento dá mais trabalho do que vale a pena. Se a mulher é financeiramente independente, ela é menos suscetível a voltar a casar. Em vez disso, muitas optam por viver sozinhas. Em alguns casos, são mais felizes do que antes, mas ainda podem estar perdendo uma chance de ter mais em suas vidas.

Essas mulheres pensam, equivocadamente, que a única razão por estarem mais felizes é o fato de não se incomodarem com um parceiro passivo, que resiste em se dar. Mas o verdadeiro motivo para essa mulher ser mais feliz é ter desistido de esperar que um homem a fizesse feliz e, finalmente, ter assumido a responsabilidade por sua própria felicidade. Com esses novos *insights*, em vez de se divorciar para descobrir essa capacidade interior, a mulher pode continuar casada e ainda ter o bônus de um parceiro que não é apenas enriquecido por sua realização, mas se alegra por sua felicidade.

---

*Mulheres divorciadas freqüentemente são mais felizes porque finalmente assumiram a responsabilidade por sua própria felicidade.*

---

As mulheres que vivem sozinhas e são felizes fizeram um ajuste importante. Elas deixaram de lado a idéia da necessidade de um homem para fazê-las felizes. O problema com isso é que elas fecharam uma porta para deixar que o parceiro romântico as fizesse passar de feliz para mais feliz, de se sentir bem para se sentir ótimas.

## Assimilando o que é mais importante

Quando alguém morre inesperadamente, uma fonte comum de dor é o arrependimento por não termos deixado que aquela pessoa soubesse o quanto nos importávamos com ela. É como se subitamente acordássemos e percebêssemos o que é mais importante na vida.

Ninguém que esteja no leito de morte pensa muito sobre seus erros profissionais. Em vez disso, refletimos sobre a qualidade de nossos relacionamentos. Nossas maiores alegrias e tristezas vêm de experiências e decisões que tomamos em nossos relacionamentos íntimos.

Um sintoma que aponta o aumento do estresse é nossa perda de perspectiva quanto ao que é mais importante na vida. Arranjar tempo para amar nosso parceiro e nossa família é uma das coisas mais magníficas da vida; no entanto, nós não percebemos isso até que seja tarde demais e a oportunidade tenha passado.

---

*Um sintoma que aponta o aumento do estresse é nossa perda de perspectiva quanto ao que é mais importante na vida.*

---

Eu ouço, repetidamente, a mesma história dos sobreviventes de doenças do coração e de câncer. Eles despertam e percebem que suas prioridades na vida estavam erradas. Fizeram com que o dinheiro, o sucesso e a perfeição fossem mais importantes do que simplesmente amar as pessoas próximas e desfrutar mais do que a vida lhes dava diariamente. Suas exigências sobre si mesmos diminuem quando conseguem ser gratos por simplesmente estarem vivos.

Queremos evitar esperar até o fim de nossas vidas para aprendermos essa lição. Se começarmos a vencer os efeitos debilitantes do estresse hoje, podemos afastar a ilusão de não termos tempo nem energia para amar e prezar aqueles que são mais importantes para nós.

As mulheres adoram cuidar de alguém. Quando o estresse toma a frente, a mulher esquece que está fazendo aquilo que adora, o que nutre sua alma. Em vez de dar livremente amor, ela pode se ressentir por fazer coisas que adorava fazer.

Os homens adoram dar amor à sua maneira. Eles suportam as agruras e os sacrifícios exigidos para obter êxito no mundo profissional, de modo a poderem prover o apoio necessário aos que amam. Sob a pressão do estresse, o homem se esquece do verdadeiro motivo de estar trabalhando com tanto afinco. Sem uma parceira ou a família para cuidar, sua vida é vazia. Proteger e servir sua esposa e sua família dá significado e propósito à sua vida.

Da mesma forma que o papel na vida da mulher se ampliou, passando a parceira do marido no suprimento financeiro, o papel do homem se expandiu para além de um provedor. Agora ele também precisa dar um novo respaldo emocional para ajudar sua esposa a lidar com o novo estresse na vida dela.

### Os inúmeros mistérios do sexo oposto

Entender as diferenças em nossos hormônios e a anatomia de nossos cérebros nos dá *insights* para ajudar a explicar os tantos mistérios do sexo oposto. Pode ser preciso uma vida inteira para que entendamos um ou outro inteiramente, mas as perspectivas e técnicas oferecidas em *Por que Marte e Vênus colidem* podem nos fazer chegar bem mais perto. Essa compreensão pode enriquecer nossa vida em comum.

O que antes era irritante pode se tornar cômico. O que costumava nos magoar não é mais levado para o lado errado. O que nos fazia nos sentir frustrados ou inúteis quanto às nossas tentativas de transmitir nosso amor e nossas necessidades pode ser um novo vislumbre de esperança para o futuro.

Marte e Vênus não precisam colidir. Juntos, eles podem dominar o estresse, criando uma vida de amor.

### Compartilhando nosso coração com outros

Obrigado por fazer dos relacionamentos e do amor prioridades em sua vida. Espero que agora você tenha uma consciência maior do motivo da colisão de Marte e Vênus e, como resultado, comece a criar mais amor em sua vida. Você certamente merece isso, assim como todo mundo. Eu me sinto honrado em compartilhar meu coração com você e espero que você continue a compartilhar seu coração com os outros.

    Eu o convido a se juntar a mim para ajudar outras pessoas a experimentar essas novas e empolgantes informações. Muitas famílias podem ser salvas; muitos corações podem sarar. Compartilhe esse livro com sua família, seus amigos e seus filhos não apenas quando eles estiverem aflitos e confusos, mas também antes de ocorrerem as colisões. Criar uma vida de amor é nosso desafio comum. Juntos, ao compartilharmos nossos corações, podemos transformar nossos sonhos em realidade.

# FONTES

O material científico encontrado nos Capítulos 2 e 3 é comumente aceito por cientistas e médicos. Estas são algumas referências *online* para fornecer um panorama geral acessível e não tão técnico.

## Sobre as referências cerebrais

Baron-Cohen, Simon. "They Just Can't Help It". *Guardian Unlimited*, 17 de abril de 2003. http://education.guardian.co.uk/higher/research/story/0,938022,00.html

Hamann, Stephan. "Sex Differences in Responses of the Human Amygdala". *Neuroscientist* 11, nº 4 (2005): 288-93. http://nro.sagepub.com/cgi/content/abstract/11/4/288

"How Brain Gives Special Resonance to Emotional Memories". Adaptado de um *press release* da Duke University. *Science Daily*, 10 de junho de 2004. http://www.sciencedaily.com/releases/2004/06/040610081107.htm

"Intelligence in Men and Women Is a Gray and White Matter". *Today @UCI* (University of California, Irvine), 20 de janeiro de 2005. http://today.uci.edu/news/release_deteil.asp?key=1261

Kastleman, Mark. "The Difference between the Male and Female Brain". SENS Self-Esteem Net. http://www.youareunique.co.uk PgenderbrainII.htm

"Male/Female Brain Differences". 25 de outubro de 2006. http://www.medicaleducationonline.org/index.php?option=com_content&task=view&id=46&Itemid=69

"The Mismeasure of Woman". *Economist*, 3 de agosto de 2006. http://www.economist.com/research/articlesBySubject/displaystory.cfm?subjectid=348945&story_id=E1_SNQVJQJ

Sabbatini, Renato. "Are There Differences between the Brains of Males and Females?" web.archieve.org/web/20041214165825/http://www.cerebromente.org

Thorton, Jim. "Why the Female Brain is Like a Swiss Army Knife". 3 de janeiro de 1999. http://www.usaweekend.com/99_issues/990103/990103armyknife.html

"Women Have Better Emotional Memory". Associated Press, 22 de julho de 2002. http://www.usatoday.com/news/nation/2002-07-22-memory_x.htm

## Sobre testosterona

Girdler, Susan S., Larry D. Jammer, e David Shapiro. "Hostility, Testosterone, and Vascular Reactivity to Stress". *International Journal of Behavioral Medicine* 4, nº 3 (1997): 242-63.

Mason, Betsy. "Married Men Have Less Testosterone". *New Scientist*, 22 de maio de 2002. http://www.newscientist.com/article/dn2310-married-men-have-less-testosterone.html

Mitchell, Natasha. "Testosterone, The Many Gendered Hormone". http://www.abc.net.au/science/slab/testost/story.htm

"Testosterone Background". http://www.seekwellness.com/andropause/testosterone.htm

"Testosterone Tumbling in American Males". 27 de outubro de 2006. http://health.yahoo.com/news/168226

## Sobre oxitocina

Barker, Susan E. "Cuddle Hormone: Research Links Oxytocin and Sociosexual Behaviors". http://www.oxytocin.org/cuddle-hormone/index.html

Foreman, Judy. "Women and Stress". 13 de agosto de 2002. http://www.myhealthsense.com/F020813_womenStress.html

"Oxytocin". http://encyclopedia.thefreedictionary.com/oxytocin

Russo, Jennifer. "Womenkind: The Stress Friendly Species". http://www.ivillage.co.uk/workcareer/survive/stress/articles/0,,156473_162212,00.html

Turner, R. A., M. Altemus, T. Enos, B. Cooper, and T. McGuiness. "Preliminary Research on Plasma Oxytocin in Normal Cycling Women: Investigating Emotion and Interpersonal Distress". *Psychiatry* 62, nº 2 (Summer 1999): 97-113. Também em http://www.oxytocin.org/oxy/oxywomen.html

Uvnas-Moberg, K. "Oxytocin May Mediate the Benefits of Positive Social Interaction and Emotions". *Psychoneuroendocrinology* 23, nº 8 (novembro de 1998): 809-35. Também em http://www.oxytocin.org/oxy/love.html

## Sobre estresse

Eller, Daryn. "Stress and Gender". 6 de novembro de 2000. http://women.webmd.com/features/stress-gender-feature

"Cortisol". http://www.advance-health.com/cortisol.html

"Cortisol & Weight Gain". http://annecollins.com/weight-control/cortisol-weight-gain.htm

McCarthy, Lauren A. "Evolutionary and Biochemical Explanations for a Unique Female Stress Response: Tend-and-Befriend". http://www.personalityresearch.org/papers/mccarthy.html

Neimark, Neil F. "The Fight or Flight Response". http://www.thebodysouldconnection.com/EducationCenter/fight.html

Stoppler, Melissa Conrad. "Stress, Hormones and Weight Gain". http://www.medicinet.com/script/main/art.asp?articlekey=53304

"Stress, Cortisol and Weight Gain: Is Stress Sabotaging Your Weight and Health?" http://www.fitwoman.com/fitbriefings/stress.shtml

"The Stress System: Adrenaline and Cortisol". http://en.wikibooks.org/wiki/Demystifying_Depression/The_Stress_System

"Why Men and Women Handle Stress Differently". http://women.webmd.com/features/stress-women-men-cope

ANEXO A

# REDUZINDO O ESTRESSE POR MEIO DA LIMPEZA CELULAR

Eu tenho testemunhado repetidamente os milagres da purificação celular em milhares de pessoas, tanto adultos quanto crianças. Em sete dias, os níveis de açúcar são equilibrados, a avidez pelos alimentos acaba, a pressão arterial é normalizada com a queda do estresse, são perdidos de dois a quatro quilos de peso excedente, a massa óssea começa a aumentar e a necessidade de antidepressivos e drogas auxiliares para concentração é substituída por sono profundo, bom humor e energia abundante. Os consultores da purificação Marte/Vênus estão disponíveis para auxiliar, apoiar, educar e motivá-lo gratuitamente a seguir um programa nutricional saudável para balancear seus hormônios e estimular as químicas cerebrais numa base diária. Da mesma forma que precisamos de boas técnicas de relacionamento para estimular os hormônios saudáveis e as químicas cerebrais para reduzir o estresse, também precisamos consumir alimentos nutritivos e ingerir suplementos saudáveis.

As técnicas de relacionamento e comportamento só podem estimular o corpo a produzir hormônios saudáveis e químicas cerebrais se a matéria bruta estiver disponível. Se você viver comendo porcaria, será bem mais difícil obter os resultados que merece, independentemente de quantas vezes ler este livro. Com a assistência gratuita do conselheiro de purificação Marte/Vênus, você pode respaldar seu relacionamento de forma eficaz, enquanto também dedica algum tempo à limpeza de seu corpo. Você pode consultar meu site MarsVenusWellness. com para obter ajuda adicional. Pode ser uma sensação muito poderosa abrir mão de limitações e, por vezes, crenças e comportamentos tóxicos, ao mesmo tempo purificando seu corpo. Eu o convido a ingressar em nossa Comunidade de Bem-Estar Marte/Vênus para, depois de algumas purificações, aprender a ensinar a outros o mesmo processo.

---

Técnicas de relacionamento e comportamento só podem estimular o corpo a gerar hormônios saudáveis e químicas cerebrais se a matéria bruta também estiver disponível.

---

Todos sabem, e ninguém discute, que nós vivemos num mundo repleto de elementos tóxicos que aumentam nosso nível de estresse e abrem caminho para inúmeras doenças. O mais importante: essas toxinas e químicas interferem na capacidade natural que nosso corpo possui para curar doenças e lidar eficazmente com o estresse. Para alguns tipos físicos, o acúmulo gradativo de toxinas significa obesidade progressiva, câncer e doenças do coração; enquanto para outros, isso representa osteoporose, insônia e disfunções de ansiedade. Seria ingenuidade pensar que esse estresse não tem também um custo sobre nossos relacionamentos. Da mesma forma que precisamos abrir mão de velhos papéis e estratégias por sabermos que já não funcionam, também temos de auxiliar nossos corpos a liberar toxinas que acumulamos ao longo de nossas vidas. Quando purificamos regularmente nossas células, elas podem absorver com eficácia os nutrientes que precisamos daquilo que comemos. Assim como nossos automóveis se sujam e precisam ser limpos regularmente, nossos corpos também precisam se limpar. Não basta comermos bons alimentos; precisamos ajudar nossos corpos a se limpar de restos tóxicos e ácidos que impedem que nossas células lidem com o estresse para produzir uma energia abundante.

Para mim é empolgante compartilhar com você essas soluções naturais para uma vida saudável e amorosa. Foi preciso uma equipe de professores de saúde e relacionamentos, escritores, consultores, pesquisadores, terapeutas, médicos, enfermeiras, pacientes e participantes dos seminários, ao longo dos últimos trinta anos, para esmiuçar e desenvolver os inúmeros recursos disponíveis em www.MarsVenusWellness. com. Grande parte do trabalho é feito hoje em reuniões especiais e seminários no Centro de Bem-Estar Marte/Vênus, no nordeste da Califórnia. Para informações sobre como você pode participar de um retiro no centro ou de um seminário ministrado por mim ou algum de meus treinadores, ligue para 1-877-JOHNGRAY (1-877-564-6472). Todos sabem que os medicamentos têm efeitos colaterais perigosos e só devem ser usados quando as dietas e os exercícios tiverem fracassado. Enquanto a maioria dos médicos é treinada para tratar de doenças, eles sabem muito pouco sobre a geração de saúde. Em meu programa semanal na internet, no www.MarsVenusWellness.com, eu examino, com grande profundidade, os princípios da saúde para homens e mulheres. A Solução Bem-Estar Marte/Vênus revela os segredos da recuperação da saúde sem a necessidade de drogas. Adicionalmente, você encontrará uma variedade de receitas específicas para cada sexo e fórmulas alimentares semiprontas e saudáveis para auxiliar tanto os homens quanto as mulheres na obtenção dos nutrientes necessários para a produção de químicas cerebrais e para a redução dos níveis de estresse. Os produtos da Bem-Estar Marte/Vênus não são apenas bons para você, mas também são saborosos.

Além disso, a purificação Marte/Vênus de uma semana não somente melhora as funções cerebrais e a saúde, mas também as pessoas com peso excessivo começam a perder seus quilos com muita rapidez. A perda média para pessoas acima do peso, passando pela purificação em meu sítio, é de quatro quilos semanais. As pessoas que não precisam perder peso não perdem.

Para receber a edição especial gratuita de um livro eletrônico contendo o protocolo para a limpeza celular do corpo inteiro, escreva para JG@MarsVenus.com.

Eu espero que você compartilhe de meu entusiasmo e comece a compartilhar essas inúmeras fontes com todos que conhece. Juntos, nós podemos criar um mundo melhor, com um relacionamento de cada vez.

ANEXO B

# CRIANDO A QUÍMICA CEREBRAL DA SAÚDE, DA FELICIDADE E DO ROMANCE

Os cérebros das mulheres são muito mais afetados pelo estresse do que os dos homens. Com um fluxo sangüíneo aumentado nas regiões cerebrais da emoção, a mulher precisa produzir mais serotonina do que o homem para lidar com o estresse de forma eficaz. Produzir mais serotonina ajuda a relaxar seu cérebro e a faz se lembrar de tudo pelo que ela tem de agradecer. Ao purificar e complementar seu plano alimentar com proteínas de fácil digestão, ácidos ômega-3, vitamina B e sais de lítio, a mulher pode produzir serotonina abundante.

A serotonina está ligada ao otimismo, ao bem-estar e ao contentamento, exatamente o que ela precisa para contrabalançar a angústia do aumento do estresse ou do perigo. Os homens também precisam de serotonina para lidar com o estresse; mas, com muito mais atividade na região cerebral emocional, as mulheres usam seu estoque de serotonina muito mais rápido do que os homens. Além disso, os homens estocam 50% mais serotonina para emergências e a produzem com 50% mais eficiência. Essa diferença provavelmente evoluiu para ajudar os homens a lidar mais eficazmente com as tarefas perigosas que precisavam desempenhar para proteger suas famílias. Hoje, as mulheres estão assumindo trabalhos tão estressantes quanto os homens, mas seus cérebros não geram serotonina com a mesma eficiência. Isso ajuda a explicar por que as mulheres estão tão estressadas hoje em dia. Esse *insight* ajuda os homens a ficar mais motivados para ajudar as mulheres na solução desse problema.

Ao estimular mais serotonina no cérebro, a mulher pode lidar com o estresse de forma mais eficaz. Hoje, bilhões de dólares são gastos em drogas que auxiliam a mulher em aumentar a eficácia dos níveis de serotonina, auxiliando-as a lidar com os efeitos da depressão e da ansiedade. Até mesmo as estimativas mais conservadoras indicam que as mulheres recorrem aos antidepressivos ao menos duas vezes mais que os homens. Meus cálculos indicam que é mais provável que seja dez vezes essa quantia. Enquanto esses antidepressivos são uma bênção para milhões de mulheres, eles não diminuem os efeitos do estresse. Um dos inúmeros efeitos colaterais dos antidepressivos é intensificado pelo cortisol do corpo. O cortisol é o hormônio do estresse. Quando ele sobe, nossos níveis de energia começam a cair. Ela pode se sentir melhor com antidepressivos, mas seus níveis de estresse sobem, em vez de caírem.

---

Os antidepressivos aumentam
os níveis de estresse do corpo.

---

A produção natural de serotonina diminui os níveis de estresse do corpo, mas as drogas de serotonina, na verdade, aumentam os níveis de cortisol. Quando uma mulher começa a usar um antidepressivo "SSRI" (*Selective Serotonin Reuptake Inhibitor*) seus níveis de cortisol imediatamente dobram. Como resultado, muitas mulheres acabam ganhando peso e experimentando menor geração de energia. Outras mulheres que não ganham peso começam a ansiar por doces e carboidratos para obter energia e, conseqüentemente, aumentam seu risco de perda óssea, resultando na osteoporose. O derivado do consumo excessivo de açúcar é o ácido lácteo, e isso esgota o cálcio dos ossos. O consumo extra de cálcio não resolve o problema da perda óssea se a mulher continuar a comer carboidratos excessivamente, mantendo níveis altos de cortisol. Você pode saber mais sobre as maneiras naturais de criar mais serotonina em meu livro *The Mars and Venus Diet and Exercise Solution*. Para receber um livro eletrônico gratuito contendo o guia totalmente natural para deixar os antidepressivos ou para crianças com DDA e TDAH, escreva para JG@MarsVenus.com.

ANEXO C

# TREINAMENTO E ACONSELHAMENTO MARTE/VÊNUS

Às vezes, há simplesmente estresse demais para que casais de namorados ou casados destrinchem seus problemas sozinhos. Independentemente do que um dos parceiros disser, as coisas só pioram. Quando a comunicação cessa, pode ser muito útil obter aconselhamento ou ligar para um conselheiro Marte/Vênus de relacionamento. Eles são treinados nos princípios de Marte/Vênus e podem assisti-lo na redução dos níveis de estresse ao conduzi-lo às Conversas de Vênus. Eles também podem ajudá-lo a encontrar as respostas que você procura. Não é necessário que ambos os parceiros liguem. Só é preciso que uma pessoa modifique sua abordagem e a dinâmica do relacionamento mudará. Ao diminuir seu nível de estresse, você obterá a capacidade de fazer aflorar o melhor em seu parceiro e em você mesmo.

> Só é preciso que uma pessoa modifique
> sua abordagem e a dinâmica do
> relacionamento mudará.

Conversas de Vênus e outros processos de resolução emocional podem ser úteis para os homens da mesma forma que são para as mulheres. A grande diferença entre homens e mulheres é que o parceiro masculino colaborador pode estar presente para sua parceira, mas não é recomendado que a mulher se faça presente para ele. Quando as mulheres escutam demais as emoções e os problemas de um homem, elas se tornam mais maternais, e isso pode reduzir seus sentimentos de atração sexual por ele. Quando o homem precisa de apoio emocional para aliviar seu estresse, o melhor é obter ajuda de um conselheiro.

Um conselheiro Marte/Vênus pode nos ajudar a colocar para fora nosso melhor lado quando nosso parceiro não consegue fazê-lo. Os conselheiros nos lembram quem somos e quais são as nossas opções. Muitas vezes o estresse irá restringir nossa visão das possibilidades. Quando estamos aborrecidos, deixamos de ver o panorama geral. Falar com alguém que não está diretamente envolvido nos liberta para recuar e ver a situação de forma diferente.

O benefício extra do aconselhamento telefônico é a conveniência. Você tem absoluta privacidade, não precisa deixar sua casa e não necessita se comprometer a uma terapia de longo prazo. Pode obter ajuda rápida quando precisa. É até mais econômico. Você pode manter o mesmo conselheiro por um período de tempo, ou pode mudar com a freqüência que desejar. Cada conselheiro é treinado dentro dos princípios Marte/Vênus; mas, às vezes, você pode ter um conselheiro predileto, que poderá facilmente solicitar.

É comum que as pessoas cometam o erro de pensar que são capazes de resolver sozinhas as questões do relacionamento. Isso se dá por pensarmos que o problema é sempre o parceiro; concluímos que aquela é a pessoa errada ou que nosso parceiro não está disposto a mudar e obter ajuda. Esse é nosso maior erro. Esse comportamento não é apenas arrogante, mas faz você de vítima, preso a uma situação que só pode piorar.

---

É preciso duas pessoas para criar um conflito,
mas somente uma começa a solucionar a situação.

---

Ter um conselheiro para falar de seus sentimentos pode ajudar a estimular a oxitocina da mulher e a testosterona do homem. Ter alguém que entenda o ponto de vista da mulher irá ajudar a estimular a produção de oxitocina, enquanto alguém que possa reconhecer os esforços do homem para resolver um problema pode estimular a geração de testosterona. Os conselheiros Marte/Vênus são treinados para dar um apoio específico de acordo com cada sexo, apoio desconhecido para a maioria de outros conselheiros. Ao obter ajuda, você estará afirmando não ser uma vítima de seu parceiro nem do mundo. Ao dar um passo para examinar como pode melhorar as coisas, você imediatamente muda a dinâmica de seus relacionamentos. Você descobrirá como pode estar tornando as coisas piores e como pode melhorá-las. Com um novo conhecimento e nova perspectiva, você rapidamente deixa de se sentir uma vítima e obtém mais daquilo que deseja, precisa e merece. Se você tem necessidade de falar ou precisa de respostas para suas perguntas, ligue para um conselheiro Marte/Vênus, telefone 1-888-MARSVENUS (1-888-627-7836).

# VISITE O MUNDO ONLINE
# DE JOHN GRAY & MARTE/VÊNUS

### MarsVenus.com

- Comunique-se com as pessoas, experimentando, GRATUITAMENTE, as questões semelhantes de relacionamento nos quadros de aviso de MarsVenus.com.
- Leia sobre romance, rompimentos e as diferenças entre homens e mulheres – novos artigos são postados semanalmente.
- Obtenha seus questionários especialmente elaborados com conselhos informativos e de entretenimento para ajudá-lo a repaginar sua vida amorosa.
- Livros grátis, artigos de conteúdo profundo, dicas por e-mail, questionários e muito mais.
- Encontre um conselheiro Marte/Vênus em sua área ou obtenha ajuda extra.
- Inscreva-se como membro do MarsVenus.com e ganhe um desconto de 10%. Use o código promocional "mvcollide" ao se inscrever.

### AskMarsVenus.com
### (Pergunte a Marte/Vênus)

- Solteiros e casados aprendem as técnicas de fazer o amor durar ao conversarem com um conselheiro do AskMarsVenus.com.
- Converse em particular e anonimamente pelo telefone com um especialista com treinamento nos conselhos de John Gray.
- Confuso? Frustrado? Incerto quanto ao que o futuro trará? Descubra o que realmente está se passando em sua vida amorosa!

### Receba uma ligação de 20 minutos de aconselhamento por apenas 20 dólares!

Sendo novo em um relacionamento, ou se está frustrado com namoros via internet, rompimentos, ou apenas pensando sobre sua vida amorosa, peça ajuda aos conselheiros Marte/Vênus.

Visite www.AskMarsVenus.com para receber seu número de acesso especial. Fale com um conselheiro Marte/Vênus hoje!

### MarsVenusDating.com
### (Namoro Marte/Vênus)

- Ingresse numa comunidade crescente de solteiros. A titularidade é grátis.
- Obtenha dicas e sugestões conforme você elabora seu perfil *online*.
- Beneficie-se de nosso software intuitivo que irá alertar quando você pode estar enviando a mensagem errada para um candidato potencial.

### Ingresse no MarsVenusDating.com gratuitamente.

## MarsVenusWellness.com
## (Bem-Estar Marte/Vênus)

Sintonize no programa semanal de rádio, internet e televisão do dr. John Gray. A cada semana ele explica como aplicar seus conceitos de relacionamento e saúde em dois programas separados.

**Relacionamentos** – *Homens são de Marte, mulheres são de Vênus*, ao vivo, o dr. Gray oferece *insights* que ajudam a reduzir o estresse, enquanto alimentam relacionamentos longos e felizes.

**Saúde** – O programa de saúde Marte/Vênus fornece um entendimento específico das necessidades que homens e mulheres têm de uma ótima saúde, um equilíbrio hormonal e excelente química cerebral. Descubra os segredos da saúde que não são ensinados na faculdade de medicina. Aprenda como a purificação e a nutrição correta podem dar ao seu corpo a possibilidade de administrar o estresse de forma eficaz. Faça mudanças pequenas, mas significativas, em seu estilo de vida para criar e manter um enfoque mental duradouro, um humor estável e energia abundante.

Para exemplos inspiradores, informações e dicas importantes, receitas, cardápios e malas diretas, nós o convidamos a visitar MarsVenusWellness.com. Aumente sua consciência das melhores opções.

Ingresse na Comunidade Global do Bem-Estar Marte/Vênus e receba, semanalmente, *insights* e inspiração para criar uma vida de amor e saúde duradoura.

## MarsVenusCoaching.com
## (Aconselhamento Marte/Vênus)

Aprenda como se tornar um conselheiro de relacionamento Marte/Vênus. Ingresse na Equipe Global de Aconselhamento Marte/Vênus e:
- Ajude outras pessoas com seus objetivos de relacionamento.
- Desfrute de um estilo de vida flexível.
- Tenha o respaldo de uma marca reconhecida mundialmente.
- Ganhe independência financeira fazendo o que adora.

Entre em contato com www.marsvenuscoaching.com para saber mais sobre essa oportunidade de franquia.

## Faça compras online
## na loja Marte/Vênus

Na loja Marte/Vênus em www.MarsVenus.com, você pode adquirir uma variedade de livros, programas em áudio e vídeo, CDs e DVDs para todas as idades e estágios do relacionamento.

**As fitas cassete e CDs mais vendidos incluem:**
- Os segredos dos relacionamentos bem-sucedidos (12 volumes)
- Sucesso pessoal (12 volumes)

**Os vídeos e DVDs mais vendidos incluem:**
- Homens são de Marte, mulheres são de Vênus (2 volumes)
- Marte e Vênus no quarto (2 volumes)
- Marte e Vênus juntos para sempre (2 volumes)
- Marte e Vênus num programa (2 volumes)
- Marte e Vênus recomeçando (2 volumes)
- Crianças são do céu (Guia para os pais – 6 volumes)

**A Solução de Bem-Estar Marte/Vênus mais vendida inclui programas nutricionais específicos para cada sexo, com guia de saúde duradoura e felicidade:**
- Marte e Vênus superpurificação (15 porções)
- Marte e Vênus superminerais (30 porções)
- Marte e Vênus supershake alimentar (15 porções)

Esse programa de bem-estar é fácil de usar e tem efeito imediato, além de ser delicioso. Ele pode dar um alívio instantâneo do estresse por meio de inúmeros benefícios para otimizar as funções cerebrais e o equilíbrio hormonal. Serve tanto para adultos quanto para crianças.

### Inscreva-se para receber a mala direta gratuita e ganhe um brinde!

Envie a John Gray os seus *insights* favoritos de *Por que Marte e Vênus colidem*, ou se inscreva para receber a mala direta e receba um livro eletrônico gratuito com respostas para as perguntas mais comuns feitas a ele. Envie suas perguntas e seu *feedback* para JohnGray@marsvenus.com e receba seu livro Marte/Vênus eletrônico.

Para mais informações, por favor, ligue ou escreva para:

John Gray Seminários
20 Sunnyside Avenue, Suíte A-130
Mill Valley, CA 94941
1-877-JOHNGRAY (1-877-5646729)